St. Luke In Giryama And Swahili, The Latter In The Central Dialect As Spoken At Mombasa...

Anonymous

ST. LUKE

IN

GIRYAMA AND SWAHILI,

THE LATTER IN THE CENTRAL DIALECT AS SPOKEN AT

MOMBASA.

LONDON:

THE BRITISH AND FOREIGN BIBLE SOCIETY.

1892.

UWORO-WA-T'O

WA

MWÉRI LUKA.

UDZAGALUZWA KI-GIRYAMA.

UKAPIGWA CHAP'A TS'I YA LONDON
KWA VIT'U ZHA
BRITISH AND FOREIGN BIBLE SOCIETY,
U MWAKA WA BWANA WEHU,
1892.

INJILI

YA

MTAKATIFU LUKA.

IMELETWA KWA UTUNGO

WA

KI-SWAHILI.

IMEPIGWA CHAP'A KWA GHARAMA ZA
BRITISH AND FOREIGN BIBLE SOCIETY,
MJI WA LONDON
KATIKA MWAKA 1892 WA KIMASIHIYA.

ST. LUKE IN GIRYAMA.

[NOTE: Giryama transliteration—

d and t are non-dental sounds ("cerebrals").

d and *t* are dental sounds.

w is pronounced by forcing air and voice through the lips when nearly closed as in shutting the mouth.

dh is as th in then.

zh is as the French j, but with a trace of vy, for which it grammatically stands.

ch and j are these consonants pronounced by laying the back of the tongue against the palate, the teeth being kept asunder.

ch', k', p', t', *t*', ts', are aspirated, or "explosive" consonants.

nj, ng, mb, nd, n*d*, ndz, are blends of n with the respective voice-consonants, and correspond to the preceding, which are blends of breath-consonants with that letter.

m' and n' are pronounced without any accompanying vowel, by uttering the sound through the organs of speech kept as close as possible.

ng as in finger, ng' as in singer.

ny is the Spanish ñ, a palatal sound.

Initial hh, hm, hn, hv, are h, m, n, v, accompanied by a strong breathing.

a, e, i, o, u, are close vowels.]

G.

ST. LUKE IN SWAHILI,

AS SPOKEN IN MOMBASA.

[*Tentative Edition.*]

[NOTE: Swahili transliteration—
d and *t* are dentals ; *dh* and *th* are Arabic sounds resembling the th
in "then"; th and dh are as in "thin" and "then" respectively.
"Explosive" consonants are indicated by a (') after them.]

S.

UWORO-WA-T'O WA LUKA.

UKOMO WA KWANDZA.

1. MAKIKALA at'u anji madzangiza mikono kuhenda-t'o-henda-t'o kusema-kwe go maut'u gadzigojenezwa-t'o kwehu,

2 here hviryahu madzizhohufishizha o marokala enye kurona enye hangu kuandza-kwe ro neno makirihumikira,

3 dzasikira-t'o mimi nikikala ni mut'u nidzegaonerera gosi kwa kutsundza hangu kuandika, kukuorera hvivi here p'ore-p'ore-ye, uwe mut'u-m'zima Teofilo,

4 umanye maut'u garyahu udzoonyeswa kukala k'agana kimoyo-moyo.

5 Makati ga Herode shaha ra Judea hákala na mut'u mumwenga mulombi dzina-re uifwa Zakaria, myongo-ni mwa isa ra Abia, na muche-we ni hat'u ha ana a Harun' ana-ache, dzina-re uifwa Elisabeti:

6 na-o mákala enye ujeri mbere za Mulungu, machenderera na maamulo gosi na malagizo ga Bwana haso kunenerwa:

G.

INJILI YA LUKA.

MLANGO WA KWANZA.

1. WAKIWA wat'u wangi wametia mikono kutengeza mafunuo ya mambo yakubaliwayo sana kwetu,

2 kama walivyotufikiza wat'u waliokuwa wenyi kuliona wenyewe lile neno tangu mwanzo na kulitumikia,

3 nimeona vyema nami, nikiwa ni mt'u niliyeyapeleleza yot'e tangu asili yakwe kwa kutunza, kukuandikia hivi kama taratibu yakwe, Theofilo uliyetukuka,

4 upate jua imara yakwe mambo yale uliyofunzwa.

5 Zamani za Herode mfaume wa Judea kulikuwa na mt'u mmoja kuhani jina lakwe akiitwa Zakaria, katika zamu ya Abia, na mkewe katika wana wa Aaron wanawake, jina lakwe akiitwa Elisabeti:

6 nao walikuwa wat'u wenyi haki mbele ya Mngu, wakendelea katika amri zot'e na maagizo ya Bwana pasipo laumu:

s.

7 na k'amere na muhoho, kwa kukala were t'asa Elisabeti, kaheri mere madzenderera osi airi na siku zao.

8 Na arihokala akihenda ulombi-we kahi ya p'ore-p'ore ya isa-re mbere za Mulungu,

9 here ada ra ulombi, wákala wa kutulukirwa ni mburuga kufukiza uvumba, achangira ridziza-ni mwa Bwana.

10 Na murongo wa kufukiza uvumba m'tunganano wosi wa enye-mudzi mere makihvoya-ndze;

11 achombolerwa ni malaika wa Bwana, wimire luhande lwa mukono wa kurya lwa kifukizirwacho uvumba;

12 achangalala Zakaria kwa kum'ona-kwe, akihenda oga.

13 Iye malaika akimwamba, Sogohe Zakaria, kwa kukala udzasikirwa kuhvoya-ko, na m'che-o Elisabeti undakuzhalira mwana mwanamulume, na dzina-re undamwiha Johan'ne.

14 Na-we undakala na kufwahirwa na kitseko: kaheri at'u anji mandafwahirwa kwa kuzhalwa-kwe.

15 Kwani yundakala m'bomu mbere za Bwana, na uchi na p'ombe k'andanwa kamare; na-ye yundakuadzazwa ni Roho ra Kutsuka hangu kombola ndani mwa mame-ye.

16 Na anji kahi ya ana a Isiraili yundaagaluza kwa Bwana Mulungu wao;

17 na-ye yundatongodhya mbere-ze na roho na nguvu za Elia, kuigaluza myoyo ya baba-ze-at'u kwa ahoho ao, na enye kikani kwa

G.   4

7 *t*ena walikuwa hawana mwana kwa kuwa alikuwa t'asa Elisabe*t*i, *t*ena wametangulia wot'e wawili katika siku zao.

8 Ha*t*a alipokuwa akifanya ukuhani wakwe katika *t*ara*t*ibu ya zamu yakwe mbele ya Mngu,

9 kama *d*asi*t*uri ya ukuhani, alikuwa yeye kupata kura kufukiza uvumba, akingia katika hekalu ya Bwana.

10 Na saa ya kufukiza uvumba kusanyiko lot'e la wenyeji walikuwa wakisali n*d*e;

11 aka*t*okewa ni malaika wa Bwana, amesimama upande wa mkono wa kuume wa chombo cha kufukizia uvumba:

12 akasangaa Zakaria akimuona, akangiwa ni hofu.

13 Yule malaika akamwambia, Usiche Zakaria, kwani umesikizwa kuomba kwako, na mkeo Elisabe*t*i a*t*akuzalia mwana mwanamume, na jina lakwe u*t*amwi*t*a Johanne.

14 Nawe u*t*akuwa na furaha na kutekerea; *t*ena wat'u wangi wa*t*afurahiwa kwa kuzaliwa kwakwe.

15 Kwani a*t*akuwa mkubwa mbele za Bwana, na tembo na p'ombe ha*t*akunwa kamwe; nae a*t*ajawa ni Roho Mtakatifu tangu ku*t*oka katika tumbo la mamae.

16 Na wangi katika wana wa Israili a*t*awageuza kuwalekeza kwa Bwana Mngu wao,

17 nae a*t*amtangulia mbele zakwe katika roho na nguvu za Elia, kuigeuza myoyo ya mababa iwalekee watoto, na wakai*d*i kwa

akili za enye ujeri, kwamba am'hendere-t'o
Bwana enye-mudzi madzodhya kura.

18 Zakaria akimwamba malaika, Nimany*i*-
swe ni-ni ut'u uno ? kwani ni muzhere, na
m'changu na-ye udzenderera s*i*ku-ze.

19 Malaika akim'dzigidzya, akiamba, Mimi
ni Gabirieli, niimaye mbere za Mulungu ; ni-
dzahumwa kudza nena na-we, kukwambira u
uworo udzo.

20 Na-we l*o*la undak*a*la bw*i*bw*i*, utsa*d*ima
kunena, ha*t*a s*i*ku gandihoombola ga maut'u,
k*w*a kuk*a*la k'us*i*kirire maneno gangu, na-go
ganda*k*u*t*imira gandihofisha makat*i*-ge.

21 Na aryahu enye-mudzi mere makim'ri-
ndiza Zakaria, machangalala k*w*a kukala-dii-
-k*w*e muryahu ridz*i*za-ni.

22 Achombola na k'a*d*imire kunena na-o ;
makimanya kwamba udzombolerwa ni ut'u
adziowona muryahu ridz*i*za-ni, na-ye mwenye
were kuonyesa m'kono, akakala na ubw*i*bwi-we.

23 Kidza, s*i*ku zirihogoma za kurindiza-k*w*e,
achenda nyumba-ni kwakwe.

24 Ha*t*a nyuma ya s*i*ku ziryahu muche-we
Elisabe*t*i wáhenda mimba, akidzifitsa my*e*zi
mitsano ;

25 akiamba, Hvivi ndo adzizhonihendera Bwa-
na, s*i*ku ya kuona-t'o-k*w*e, kunilazha aibu
yangu mbere za at'u.

26 Ha*t*a mwezi wa handahu malaika Gabirieli

G.

akili za wenyi haki, illi kumfanyia Bwana tayari wenyeji wa kutengezwa.

18 Zakaria akamwambia malaika, Nitambue wapi neno hili? kwani ni mzee, na mkewangu nae ametangulia katika siku zakwe.

19 Malaika akamjibu akamwambia, Mimi ni Gabirieli, nisimamae mbele za Mngu: nimetumwa kuja kusema nawe, na kukupa habari hizi njema.

20 Nawe angalia utakuwa bubwi usiweze kusema mpaka siku yatakayotokea haya, kwa kuwa hukunisadiki maneno yangu; nayo yatatimia kwa wakati wakwe.

21 Na wale wenyeji walikuwa wakimngojea Zakaria, wakataajabu kwa kukawia kwakwe ndani ya hekalu.

22 Akatoka, wala asiweze kusema nao. Wakatambua kuwa ametokewa n neno mle hekaluni, nae mwenyewe alikuwa akiwapungia-
-pungia, akendelea na ububwi wakwe.

23 Hata kisha, zilipotimia siku za ungojezi wakwe, akenda zakwe nyumbani kwakwe.

24 Hata baada ya siku zile mkewe Elisabeti akafanya mimba, akawa kutawa myezi mitano;

25 akasema, Hivi ndivyo alivyonifanyia Bwana, kwa siku alizopendezewa, kuniondolea aibu yangu kati ya wat'u.

26 Hata mwezi wa sita, malaika Gabirieli

s.   5

akihumwa kula' kwa Mulungu kwenda mu-
dzi mumwenga wa Galili, dzina-re uifwa
Nazareti,

27 kwa m'sichana erepigirwa kifuko ni m't'u
mulume dzina-re uifwa Josefu, mut'u wa nyu-
mba ya Davidi, na yuyahu m'sichana dzina-re
wáifwa Mariam'.

28 Malaika achangira kwakwe, akimwendera,
akinena, Uzima u kwako, udzepata hendzezo:
Bwana yu na-we; baha uwe hat'u ha ana-ache.

29 Achangalala kwa maneno gago, akiaza,
Uworo uu undakala-dze?

30 Malaika akimwambira, Usogohe Mariam',
kwani udzapata hendzezo kwa Mulungu.

31 Lola! undahenda mimba mwako ndani,
uzhale mwana mulume, na dzina-re undamwi-
ha JESU.

32 Na-ye yundakala m'bomu, yundaifwa mwa-
na wa Ariye-dzulu-zhomu, na Bwana Mulungu
yundam'p'a kihi cha indzi cha baba-ye Davidi;

33 na-ye yundatawala dzulu ya nyumba ya
Jakobo kare, na k'akundakala na ha kusindi-
kiziza ha ushaha-we.

34 Mariam' akimwamba malaika, Gandakala-
-dze gago, nami sim'manya mulume?

35 Malaika akim'dzigidzya, akimwamba kwa-
mba, Roho ra Kutsuka rindakudzirira dzulu-yo,
na nguvu za Are-dzulu-zhomu zindakufinikira
kivuri-vuri: ndo kicho cha kutsuka kindicho-
zhalwa kula' kwako kiifwe Mwana wa Mulungu.

36 Na-we lola, mbari-yo Elisabeti udzahenda
mimba na-ye na uzhere-we, ya muhoho mu-

akatumwa kutoka kwa Mngu kwenda
mji mmoja wa Galili, jina lakwe Nazare-
thi,

27 kwa mwanamwali aliyeposwa ni mt'u
mume jina lakwe akiitwa Josefu, mt'u wa
nyumba ya Davidi, na yule mwanamwali jina
lakwe akiitwa Mariam.

28 Akangia kwakwe, akamwendea, akasema,
Salamu, uliyefadhiliwa; Bwana yu pamoja
nawe, umebarikiwa katika wanawake.

29 Akasangaa kwa maneno yakwe, akawaza,
Salamu hiyo i jinsi gani ?

30 Malaika akamwambia, Usiche Mariam,
kwani umepata fadhili kwa Mngu.

31 Angalia utatukua mimba tumboni mwako
uzae mwana mwanamume: nawe jina lakwe
utamwita JESU.

32 Nae atakuwa mkubwa, tena ataitwa mwa-
na wa Aliye-Juu-Sana, na Bwana Mngu
atampa kiti cha babae Davidi ;

33 nae atatawala juu ya nyumba ya Jakobo
milele, wala hautakuwa na mwisho ufaume
wakwe.

34 Mariam akamuuliza malaika, Litakuwaje
neno hili, nami simjui mume ?

35 Malaika akamjibu akamwambia, Roho
Mtakatifu atakujilia juu yako, na nguvu za
Aliye-Juu-Sana zitakufinika kivuli : ndipo na
Kitakatifu hicho kitakachozawa kutoka kwako
kiitwe Mwana wa Mngu.

36 Nawe angalia jamaazako Elisabeti nae
ametukua mimba ya mtoto mwanamume kati-

lume; na uu ni mwezi wa handahu kwa iye ariyeifwa t'asa.

37 Kwani kwa Mulungu k'akuna neno kamare risiroadimika.

38 Maria akinena, Lola, ni mukumiki wa Bwana; na vikale kwangu here maneno-go. Kidza malaika akimuukira achenda.

39 Mariam' akiima kahi ya siku ziryat'u, achenda nyangamo haraka, kwenda mudzi wa Juda;

40 achangira nyumba-ni mwa Zakaria, akim'lam'sa Elisabeti.

41 Hata Elisabeti yunasikira mulam'so-we Maria, kakisumba ko kahoho katsanga mwakwe nda-ni; Elisabeti achadzalwa ni Roho ra Kutsuka,

42 akipiga k'ululu na mumiro m'bomu, akinena, Baha uwe kahi ya ana-ache, baha na uzhalo wa mwako ndani.

43 Na-mi ut'u uu dzaupata hiho, hata nidziyedzirirwa ni mameye Bwana-wangu?

44 Kwani lola, mumiro wa mulam'so-o udzihon'angira masikiro-ni mwangu, kadzaererwa ka kahoho katsanga kakasumba mwangu ndani.

45 Na iye muche erekuluhira ni akale-t'o, kwani go arigoangwa gandapata kutimira-kwe.

46 Mariam' akiamba, M'oyo wangu unam'kunya Bwana,

47 na roho rangu rifwahirwe kwa Mulungu M'okoli wangu,

48 kwa kukala udzalola unyonge wa muhu-

G. 7

ka uzee wakwe; na huu ni mwezi wa sita kwakwe aliyekwitwa t'asa.

37 Kwani kwa Mngu hakuna neno lo lot'e lisilomkinika.

38 Mariam akasema, Angalia, ni kijakazi cha Bwana, na iwe kwangu kama maneno yako. Kisha akaondoka malaika akamuata.

39 Mariam akasimama katika siku zile, akenda milimani kwa haraka, kwenda mji wa Juda;

40 akangia nyumbani kwa Zakaria akamuamkua Elisabeti.

41 Na aliposikia Elisabeti kuamkua kwakwe Mariam, kikaruk'a kitoto kichanga ndani ya tumbo lakwe; Elisabeti akajawa ni Roho Mtakatifu,

42 akapaza sauti k'uu, akasema, Umebarikiwa wewe katika wanawake, umebarikiwa na uzao wa tumbo lako.

43 Nami neno hili nnapata wapi, hata nijiwae ni mamae Bwana wangu?

44 Kwani angalia, sauti ya kuamkua kwako iliponingia mashikioni mwangu kilifurahi kitoto kichanga kikiruk'a matumboni mwangu.

45 Nae raha ndakwe mwanamke aliyeamini; kwani hayo aliyoambiwa yatakuja kutimia.

46 Mariam akasema, Moyo wangu wamkuza Bwana,

47 na roho yangu inamfurahia Mngu mwokozi wangu,

48 kwa kuwa ameuangalia unyonge wa kija-

miki-we. Kwani lola! hangu hvikara vizhazi zhosi vindanihadza kwa vidzo;

49 kwa kukala Munguvu udzanihendera mabomu, na dzina-re ni ra kutsuka,

50 na mbazi-ze ni kukala hata vizhazi na vizhazi kwa mam'ogohao.

51 Udzahenda nguvu kwa m'kono-we. Udza-atsamula enye unyet'i na myazo ya myoyo yao.

52 Enye-ts'i udzaatsereza kahi ya vihi zha indzi, na udzaanula anyonge.

53 Enye ndzala udzaadzaziza tele vit'u vidzo, na ashaha udzaadodomeza ahuhu.

54 Udzamwavwiza Isiraili muhoho-we, kwa kuakumbukirira mbazi,

55 here arizhoaamba ts'awi-zehu, Abaraham' na uzhalo-we hata kare.

56 Mariam' akikala na-ye hata hat'u ha myezi mihahu, kidza akiuya nyumba-ni kwao.

57 Zikim'fikira Elisabeti siku-ze za kuzhala, akizhala mwana mwana-mulume;

58 makisikira o andzi-e na mbari-ze kwamba Bwana udzam'hendera nyinji mbazi-ze, maki-fwahirwa hamwenga na-ye.

59 Hata siku ya nane kwákudza at'u kudza hina kahoho, makikala kumwiha Zakaria, kwa kutuwa dzina ra baba-ye.

60 Mameye akidzigidzya, So-zho, naifwe Johan'ne.

61 Makinena na-ye, makimwamba, Kahi

G. 8

kazi chakwe. Kwani hao ndio, watanitaja kwa wema vizazi vyot'e;

49 kwa kuwa Mwenyi-nguvu amenifanyia mambo makuu, na jina lakwe ni takatifu,

50 tena rehema zakwe huwa hata vizazi na vizazi kwa wenyi kumcha.

51 Amefanya ubora kwa mkono wakwe. Amewatawanya wenyi unyet'i katika mawazo ya myoyo yao.

52 Wenyi kutawala amewashusha katika viti vyao vya enzi, tena amewatukuza wanyonge.

53 Wenyi ndaa amewajaliza tele vit'u vyema, na matajiri amewatokomeza watupu.

54 Amemsaidia Israili mtoto wakwe, katika kuwakumbukia rehema,

55 kama alivyowambia babazetu, Abaraham na uzao wakwe milele.

56 Mariam akakaa nae yapata myezi mitatu, kisha akarudi nyumbani kwakwe.

57 Zikamtimilia Elisabeti zamani zakwe za kuzaa, akazaa mwana, mwanamume;

58 wakasikia jirani zakwe na jamaa zakwe ya kwamba Bwana amemfanyia nyingi rehema zakwe, wakafurahi pamoja nae.

59 Hata kwa siku ya nane kulikuja wat'u kuja kukipasha tohara kile kitoto; wakawa kumwita Zakaria kwa kufuata jine la babae.

60 Mamae akasema, Sivyo. Naitwe Johanne.

61 Wakasema nae, wakamwambia, Katika

ya mbari-zo k'akuna mut'u aifwaye dzina riro.

62 Makimwerekeza baba-ye kwamba mama-nye yundamwiha-dze.

63 Akimala kabao ka kuorera, akiora akia-amba, Dzina-re nde Johan'ne. Makimaka osi.

64 Haho hvivi kakivuguka ko kanwa-ke na lo lurimi-lwe, akinena kwa kumulika Mu-lungu.

65 Osi mariokala kanda-k'anda makihenda oga; gakinenwa-t'o maut'u garyahu gosi kahi ya nyangamo yosi ya Judea.

66 Osi marogasikira makigaika myoyo-ni mwao, makiamba, Muhoho yuno yundakala-dze? Na mukono wa Bwana ukikala hamwe-nga na-ye.

67 Na Zakaria, babe-yuyahu muhoho, achadza-lwa ni Roho ra Kutsuka, achambiriza, akinena,

68 Baha iye Bwana Mulungu wa Isiraili, kwa kukala udzaalola at'u-e na udzaahendera ukombolwi;

69 na udzafwanulira p'embe ya wokoli kahi ya nyumba ya Davidi muhoho-we;

70 here arizhonena na makanwa ga ambirizi-e a kutsuka marokala hangu kare,

71 kuhupa wokolwi na ai ehu, na kahi ya mikono ya at'u osi mahutsukirirwao,

72 kuhenda mbazi-ze dzulu ya ts'awi-zehu, na kukumbukira malagano-ge ga kutsuka;

73 kilagane arichom'laga ts'awi yehu Abara-ham',

G.

9

jamaa zako hakuna mt'u mwenyi kuitwa jina hilo.

62 Wakamlekeza babae kujua atakavyomwita.

· 63. Akataka kibao cha kuandikia, akaandika, akawambia, Jina lakwe Johanne. Wakataajabu wot'e.

64 Papo hapo likafumbuka kanwa lakwe, ulimi wakwe ukafunguka, akanena kwa kumsifu Mngu.

65 Wot'e waliok'eti k'ando-k'ando wakangiwa ni hofu; yakasemwa mambo yale yot'e katika nt'i nzima ya milimani Judea.

66 Wot'e walioyasikia wakayaweka myoyoni mwao, wakasema, Mtoto huyu atakuwa namna gani? Na mkono wa Bwana ulikuwa pamoja nae.

67 Na Zakaria babae yule kijana akajawa ni Roho Mtakatifu, akaagua, akasema,

68 Nabarikiwe Bwana Mngu wa Israili, kwa kuwa amewaangalia wat'u wakwe, amewafanyia na ukombozi;

69 tena ametuinulia p'embe ya wokofu katika ñyumba ya Davidi mtoto wakwe;

70 kama alivyosema kwa makanwa ya manabii wakwe watakatifu waliokuwa tangu milele,

71 kutupa wokofu mbele za adui zetu na katika mikono ya wot'e watutukiao;

72 kuzifanya rehema zakwe juu ya babazetu, na kukumbuka maagano yakwe matakatifu,

73 kiapo alichomuapia babaetu Abaraham,

74 kwamba yundahup'a hasiho oga, hamwe-
nga na kuokolwa na mikono ya ai ehu,

75 kum'humikira kwa kutsuka na ujeri
mbere-ze siku zosi hundizokala-ts'i.

76 Na-we kahoho, undaifwa Mwambirizi wa
Ariye-dzulu-zhomu, kwani undam'tongodhyera
Bwana mbere ya uso-we, kwa kum'hendera-t'o
ngira-ze,

77 kwamba kuapa at'u-e kuumanya wokolwi
kwa kurichirwa mai gao,

78 kwa mbazi nyinji za Mulungu wehu, zi-
hufishizhazo maombolcro ga dzulu,

79 kuamurika at'u makelesio kiza-ni na ki-
vuri-vuri cha kifwa, kwamba kuhugoloza .
magulu gehu ngira ya dheri.

80 Na yuyahu muhoho wákula, akikala m'-
bomu, achongerera nguvu rohoni-mwe, aki-
kala nyika hata siku arigooneka lwazu kwa
Isiraili.

UKOMO WA HIRI.

2. KWÁKALA siku ziryahu kulaa malagizo
kwa Kaisari Augusuto, kwamba kuorwa talo-re
urumwengu wosi.

2 Na talo riryahu rákala ra kuandika Kui-
rinio arihokala na indzi ts'i ya Suria.

3 At'u mere machenda kila mut'u mudzi
wao kwenda orwa matalo.

4 Na Josefu na-ye akiuka Galili kula' mu-

G.

74 ya kwamba atatupa pasipo hofu, pamoja na kuokoka na mikono ya adui zetu,

75 kumtumikia kwa utakatifu na haki mbele zakwe siku zot'e za maisha yetu.

76 Nawe kijana, utaitwa nabii wa Aliye-Juu-Sana, kwani utamtangulia Bwana mbele ya uso wakwe, kwa kumtengezea ndia zakwe,

77 illi kuwapa wat'u wakwe kuujua wokofu kwa kusamehewa dhambi zao,

78 kwa huruma nyingi za Mngu wetu, zitufikizazo matokeo ya juu,

79 kuwamulikia wat'u wak'etio katika kiza na kivuli cha mauti, illi kutuongoza maguu yetu katika ndia ya amani.

80 Na kile kijana alikua akawa mkubwa, akaongea nguvu rohoni mwakwe, akakaa katika nt'i zisizo wat'u hata zamani za kuonekana kwakwe kwa Isiraili.

MLANGO WA PILI.

2. ILIKUWA zamani zile kutoka amri kwa Kaisari Augusuto kuandikwa orodha ulimwengu wot'e.

2 Nao ulikuwa orodha wa kwanza kutawala kwakwe Kuirinio katika Suria.

3 Wat'u walikuwa wakenda killa mt'u mjini kwao kwenda kuandikwa orodha.

4 Na Josefu nae akaondoka nt'i ya Galili,

dzi wa Nazareti, achambuka kwenda Judea, achenda mudzi wa *Davidi* uifwao Betilehem, kwa kukala iye ni lukolo lwa *Davidi* na mbari-ze,

5 kwamba aorwe talo-re hamwenga na Mariam' m'che-we am'lolaye, na-ye yuna mimba.

6 Na go makati ga kukala kuko, zikifika siku za kuzhala-kwe,

7 akim'zhala mwana-we wa mbere, akim'-vwika nguwo za kihoho, akim'laza kidau-ni, kwani k'amere na makalo kahi ya dahu ra ajeni.

8 Na ts'i iryahu yere na arisa, makelesi lwanda-ni makirinda mabadi gao kwa maisa usiku.

9 Malaika wa Bwana po! haho udzaaimira, ch'enje za Bwana zikiang'alira k'anda-k'anda, machangirwa ni oga unji.

10 Ye malaika akiamba, Sogoheni: kwani nam'p'a uworo udzo, wa kufwahirwa kunji mandikokala na-ko enye-mudzi osi,

11 kwani rero mudzazhalirwa M'okoli, nde Masiha Bwana, mudzi-ni mwa *Davidi*.

12 Na muwano wenu ni uu. Mundakaona ko kahoho katsanga kadzavwikwa nguwo za kihoho, kadzalazwa kidau-ni.

13 Haho hvivi po! anji a mulungu-ni ma hamwenga na-ye yuyahu malaika, mam'likao Mulungu, makinena kwamba,

14 Nguma ha dzulu zhomu ina Mulungu, na dheri dzulu ya-ts'i; kuhendzana-t'o kahi ya at'u.

G.   11

kutoka mji wa Nazarethi, akakwea akenda Judea kwenda mji wa Davidi uitwao Bethilehem, kwa kuwa ni katika nyumba na mlango wa Davidi,

5 illi kuandikwa orodha yeye pamoja na Mariam mkewe wa kuposa, nae yuna mimba.

6 Hata katika kukaa kwao huko, zilitimia siku za uzazi wakwe,

7 akamzaa mwanawe wa kwanza, akamvika nguo za utoto, akamlaza katika hori, kwa kuwa hawana nafasi katika banda la wageni.

8 Na nt'i ileile walikuwako watunga wak'eti bara walinda kundi lao kwa zamu usiku.

9 Na malaika wa Bwana aliwatokea, utukufu wa Bwana ukawang'aria k'ando-k'ando, wakangiwa ni hofu wakacha.

10 Malaika akawambia, Msiche; kwani nna habari nzuri nataka wapa ya furaha nyingi itakayokuwa ni ya wenyeji wot'e;

11 kwani leo amezaliwa kwenu Mwokozi, nae ni Masiha Bwana, katika mji wa Davidi.

12 Na hii iwe ni dalili kwenu: hicho kitoto kichanga mtakiona kimevikwa nguo za utoto, kimelala katika hori.

13 Mara ile walikuwapo pamoja na yule malaika ungi wa jeshi ya mbinguni wamsifu Mngu, wasema,

14 Utukufu ulio juu sana una Mngu, na amani juu ya nt'i; kupendekezana kati ya wat'u.

15 Na kuuka kwao o malaika marihoaricha machenda mulungu-ni, machambirana o arisa: Hindeni hufururize hata Betilehem', huka-one neno riro ridziroombola, adzirofwambira Bwana.

16 Machenda haraka makim'tekeza Mari-am' na Josefu, na ko kahoho karere kidau-ni.

17 Na marihoaona makiamanyisa maneno marigoambirwa ut'u wa yuyahu muhoho.

18 Osini mariosikira makimaka kwa hviryahu madzizhoambirwa ni arisa.

19 Na Mariam' were akigatsundza maneno garyahu gosi, akigaririkana m'oyo-ni-mwe.

20 Makiuya o arisa na kum'kunya Mulungu na kumulika, kwa zhosi marizhosikira na ku-ona, hviryahu zhenye here madzizhoambirwa.

21 Na siku nane zirihofika za kum'hina, dzina-re wáifwa JESU, riro ariroifwa ni ma-laika k'adzahenderwa mimba.

22 Na siku zirihofika za kudzitsusa ye muche here ugwirwi wa Mose, machambuka na-ye machenda Jerusalem', kwenda m'ika kwa Bwana,

23 (here virizhoorwa kahi ya wagirwi wa Bwana, zha kwamba, Kila kilume kisúndula--tsandzu ndani mwa mameye na kiifwe kieri cha Bwana,)

24 na kwenda kulazha sadaka, here virizho-

15 Hata kuondoka kwao wale malaika wali-powaata wakenda mbinguni, ilikuwa kuseme-zana wale watunga : Twendeni basi, tufulize hata Bethlehem, tukaone neno hilo lililotukia, alilotuarifu Bwana.

16 Wakenda upesi wakamk'uta Mariam na Josefu, na kitoto kichanga nacho kimelala ka-tika hori.

17 Hata walipokwisha waona wakawaarifu habari ya maneno waliyoambiwa katika kile kijana.

18 Wot'e waliosikia wakataajabu kwa yale waliyoambiwa ni watunga.

19 Na Mariam alikuwa akiyaweka maneno yale yot'e, akiyawaza moyoni mwakwe.

20 Wakarudi wale watunga, huku wakimtu-kuza Mngu na kumsifu kwa yot'e waliyosikia na kuona, vilevile kama walivyoambiwa.

21 Hata zilipotimia siku nane za kumpasha tohara, alikwitwa jina lakwe JESU, kama alivyoitwa ni malaika asijatukuliwa mimba.

22 Hata zilipotimia siku za kujitakasa yule mwanamke kama sharia ya Mose, walikwea wakenda nae Jerusalem, kwenda kumweka kwa Bwana;

23 (kama ilivyoandikwa katika sharia ya Bwana, kwa kwamba : Killa kiume kifungu-acho tumbo la mamae na kiitwe kitakatifu cha Bwana :)

24 wapate na kutoa sadaka, kama ilivyone-

S.

angwa uagirwi-ni mwa Bwana, Ukweru-kweru
uiri hedu makinda mairi ga magiya-manga.

25 Lola, kwere na mut'u Jerusalem', dzi-
na-re uifwa Simeon', na-ye iye were m't'u
m'jeri wa kugwira sana, arindizaye uongo-
lwi wa Isiraili, na Roho ra Kutsuka rere
dzulu-ye.

26 Na-ye wáonyeswa kare ni Roho ra Ku-
tsuka kwamba k'andaona kifwa hata am'one
kwandza Masiha wa Bwana.

27 Achenda ut'u wa kukala Roho-ni, acha-
ngira ridziza ra Bwana, na muhoho Jesu
yunarefwa ndani ni azhazi-e makam' hendere
here ririzho ada ra uagirwi kwakwe,

28 na iye akim'hokera mikono-ni-mwe, aki-
m'hadza-t'o Mulungu ; akinena,

29 Hvikara unamuricha m'sunye-o Hmwinyi,
here neno-ro, kwa dheri ;

30 kwani matso gangu gadzawona wokoli-o,

31 urioika-t'o nyuso-ni mwa at'u osi :

32 ni m'langaza wenye kuzigunulira k'olo
maut'u, ni lilikiro ra Isiraili enye-mudzi-o.

33 Na Josefu na mame iye muhoho mere
makimaka kwa go arigonenerwa hat'u-he.

34 Simeon' akiahadza-t'o, akimwamba Ma-
riam' mame-m't'u, Lola yuyu udzaikwa kwa
kugwa na kwanuka kwa anji mario Isiraili, na
kwa muwano undionenerwa kinyume.

35 Na-we na roho-ro undakudza kira mu-
shu, igunulwe myazo ndani mwa myoyo
minji.

nwa katika sharia ya Bwana, Jozi ya ndiwa,
au makinda mawili ya ndiwa-manga,

25 Nawe angalia, palikuwa na mt'u Jerusa-
lem jina lakwe akiitwa Simeon, nae ni mt'u
mwenyi haki huyo na utauaa, yuangojea uo-
ngofu wa Israili; na Roho Mtakatifu alikuwa
juu yakwe.

26 Nae alikuwa ameonywa ni Roho Mtaka-
tifu kuwa hataona kifo illa amuone kwanza
Masiha wa Bwana.

27 Akenda ali ndani ya Roho, akangia heka-
luni, nao wa katika kumpeleka ndani kijana
Jesu wale wazee wakwe wawili, kwenda kumfa-
nyia kama ilivyokuwa ada ya sharia kwakwe,

28 nae akampokea mikononi mwakwe, aka-
mbarikia Mngu: akasema,

29 sasa wamuata mtumwa wako Mwinyi,
mfano wa neno lako, kwa amani;

30 kwani mato yangu yameuona wokofu wako,

31 uliouweka tayari nyusoni mwa wat'u wot'e,

32 muanga wa kuwafunulia mambo mataifa,
tena utukufu wa wenyeji wako Israili.

33 Na Josefu na mamae yule mtoto walikuwa
wakitaajabu kwa yale yaliyosemwa juu yakwe.

34 Simeon akawabarikia, akamwambia Ma-
riam mamae-mt'u, Angalia, huyu amewekwa
kwa kuanguka na kuinuka wangi walio Israili,
na kwa dalili itakayonenewa kinyume.

35 Nawe hata roho yako utakuja kupita
upanga katikati yako, yapate funuliwa mawazo
ndani ya myoyo mingi.

36 Here na Han'na mwambirizi muche, mwana wa Fanueli, hat'u ha lukolo lwa Asheri, na-ye kukala-kwe uenderera siku mbahe : wákala na mulume myaka mifungahe nyuma ya usichana-we,

37 na-ye ni gungu here myaka mirongo minane na myaka mine, wákala k'aombola mo ridziza-ni, akihumikira Mulungu usiku na m'tsana na maziro na madhedhejo.

38 Na-ye po ! achombola murongo uryahu were kum'lazhira m'vera Bwana, akim'sema uworo-we yuyat'u muhoho na osini mariokala makirindiza wokolwi Jerusalem'.

39 Na marihogonya maut'u gosi gaagirwego ni uagirwi wa Bwana, makiuya Galili, machenda mudzi-ni mwao, Nazareti.

40 Na-ko kahoho kakikula, kachongerera nguvu roho-ni kadzaadzalwa ni ulachu udzo, hendzezo ra Mulungu rikim'kalira dzulu-ye.

41 Be baba-ye na mameye mere machenda Jerusalem' mwaka hata mwaka makati ga sadaka bomu ya pasiha.

42 Hata arihohenda kipindi cha myaka kumi na miiri, na-o machambuka machenda Jerusalem' here ada ya sadaka bomu ;

43 na marihokiza siku-ze, kugaluka kwao, ye muhoho Jesu akikala nyuma, na Josefu na mame-mut'u k'amam'manyire,

44 macherekeza kwamba yu mo charo-ni

36 Palikuwa na nabii mke, Hanna, binti Fanuel katika kabila ya Asheri; nae umri wakwe umekwendelea siku nyingi: alik'eti na mume myaka sabaa baada ya uanawali wakwe.

37 Nae ni mjane wa tangu myaka aruba wa thamanini. Alikuwa yeye haondoki katika hekalu, akiabudu usiku na mtana na kufunga kungi na kunyenyekea.

38 Nae akitokea saa ile alikuwa kumtolea Bwana shukurani, akisema habari zakwe na wot'e waliokuwa wakingojea wokofu Jerusalem.

39 Hata walipokwisha timiza mambo yot'e yaliyopaswa ni sharia ya Bwana, wakarudi Galili; wakenda mji wao Nazareti.

40 Kile kitoto kikakua, kikaongea nguvu roho yakwe, amejawa ni hikima, na fadhili za Mngu zili juu yakwe.

41 Nao wazee wakwe walikuwa wakenda Jerusalem mwaka hata mwaka katika idi ya Pasiha.

42 Hata alipopata umri wakwe myaka kumi na miwili, wakiwa wamekwea huko kama dasituri ya idi:

43 walipokwisha timiza zile siku zakwe wakirudi kwao alisalia nyuma yule kijana Jesusi kuko Jerusalem, Josefu na yule mamaemt'u hawana habari,

44 wamthania kwamba yu katika safari yao:

mwao, machenda m'tsana dii, makimumala kwa mbari-zao na andzi-ao :

45 na marihom'ona k'ako, makim'uyira Jerusalem' makim'mala-mala.

46 Na siku ya hahu makim'tekeza mo ridziza-ni, yukelesi mwa ashomyi akiasirikiza maneno gao na kuauza mauzo;

47 makimaka osini mwero wa mariosikira kwa akili-ze na maudzyo-ge.

48 Nao marihom'ona machangalala: mameye akimwamba, Mwanangu, ni-ni kuhuhenda hvino? Lola mimi na baba-yo fwere hukikumala na kwakakwa.

49 Akiamba, Vidzakala-dze kunimala? Kam'manyire kwamba niagirwe nikakala mwa Baba?

50 Na k'ariang'alire ro neno adziroamba.

51 Akitaramuka, achenda na-o Nazareti, akiakalira t'si-ni yao. Na mameye were akigamanyirira ga gosi m'oyo-ni-mwe.

52 Na-ye Jesu were akifururiza ulachu udzo na kimo, na hendzezo kwa Mulungu na kwa at'u.

UKOMO WA HAHU.

3. HATA myaka kumi na mitsano ya indzi ya Kaisari Tiberio, arihokala Pontio Pilato liwali wa Judea, na Herode shaha ra Ga-

wakenda mwendo wa kutwa, wakawa kumta-
futa kwa jamaazao na wenziwao.

45 Hata walipomuona hako, wakarudi kuko
Jerusalem, wakimtafuta.

46 Hata kwa siku ya tatu walimuona katika
hekalu, amek'eti kati-kati ya wana-wa-vyuoni,
akiwasikiza akiwauliza na masuali.

47 Wakataajabu wot'e kadiri waliomsikia
kwa akili zakwe na majibu yakwe.

48 Nao walipomuona walisangaa, mamae
akamwambia, Mwanangu, n nini kutufanya
hivi? Angalia, mimi na babaako tulikuwa
tukikutafuta huku tukisikitika.

49 Akawambia, Mlikuwaje kunitafuta? Ha-
mkujua kwamba imenipasa kuwa katika ma-
mbo ya Babaangu?

50 Nao hawakujua maana yakwe lile neno
alilowambia.

51 Akateremka, akenda nao Nazareti, akaji-
weka t'ini yao. Na mamae alikuwa akiyaweka
haya yot'e moyoni mwakwe.

52 Nae Jesu alikuwa akendelea katika hi-
kima na kimo, na kupendekeza kwa Mngu na
kwa wat'u.

MLANGO WA TATU.

3. HATA mwaka wa kumi na t'ano kutawala
kwakwe Kaisari Tiberio, alipokuwa Pontio
Pilato liwali wa Judea, na Herode mfaume wa

lili, na Filipo ndugu-ye shaha ra Iturea na-ts'i ya Tarakoniti, na Lusania shaha ra Abilene,

2 masiku ga ulombi-ubomu wa An'na na Kaiafa, wákala na neno ra Mulungu dzulu-ye Johan'ne mwana wa Zakaria kuryahu lwanda-ni.

3 Achenda-ts'i zosi za muho wa Jorodan' k'anda-k'anda, achambiriza at'u kuangizwa madzi kwa kurichirwa dambi,

4 here virizhoorwa chuwo-ni mwa maneno ga muonyi Isaia, dza kwamba, Mumiro wa mut'u ariraye lwanda-ni, Hendani-t'a ngira ya Bwana, igololeni mikondo-ye.

5 Kila det'e rinda'dzazwa, na kila murima na ts'ulu vindatserezwa, na zirizo k'ombo-k'ombo zindakala ngira ya kugoloka, na zigwarurazo zindakala ngira t'ot'ot'o,

6 na kila mwiri undaona wokolwi wa Mulungu.

7 Be akiaamba mitunganano marolaa mwao kwenda angizwa madzi ni iye, Henwi uzhalo wa nyoka, ni hani adziyem'onyesa kwamba muchimbire k'oro zindizokudza?

8 Bai, hendani ndude ziagirwezo ni kukolwa; na m'sikale kunena ndani mwenu kwamba, Babiyehu huna-ye Abaraham': kwani namwamba kwamba hat'u ha mawe gaga Mulungu yunadima kumwanulira ahoho Abaraham'.

9 Hata hvikara tsoka ridzaikwa kare makolo ga mihi: be kila muhi wosi usiozhala ndude mbidzo ni kutemwa na kutsufwa moho-ni.

Galili, na Filipo nduguye mfaume wa Iturea na nt'i ya Tarakoniti, na Lusania mfaume wa Abilene,

2 wakati wa ukuhani ukuu wa Anna na Kaiafa, alikuwa Johanne mwana wa Zakaria na neno la Mngu juu yakwe kuko barani.

3 Akenda nt'i zot'e za Jorodan k'ando-k'ando, akihubiri kutiwa-maji kwa kusamehewa dhambi,

4 kama ilivyoandikwa katika chuo cha maneno ya nabii Isaia, kwamba, Sauti ya mt'u aliae katika bara, Tengezani ndia ya Bwana, inyosheni mikondo yakwe.

5 Killa bop'o litajazwa, na killa mlima na ch'uguu vitatwezwa, na zilizokwenda k'ombo zitakuwa kunyoka, na ziparuzazo zitakuwa ndia sawa,

6 na killa kiwiliwili kitaona wokofu wa Mngu.

7 Basi akawambia mak'utano waliotokea kuja kutiwa maji nae, Enywi uzao wa nyoka, n nani aliyewaonya kukimbia hasira ijayo?

8 Basi, fanyani t'unda zisitahilizo na toba; wala msiwe kusema ndani yenu kwamba, Babaetu tunae Abaraham: kwani nawambia kwamba katika mawe haya Mngu aweza kumuinulia watoto Abaraham.

9 Hata sasa shoka limekwisha tiwa mashina ya miti: basi killa mti usiozaa t'unda nzuri hutemwa, ukawa kutupwa motoni.

10 Makim'uza yo mitunganano, makiamba, Hundahenda-ni bai?

11 Akidzigidzya akiaamba, Ere na k'andzụ mbiri nam'p'e ase k'andzu, na mwenye zhakurya nahende hvizho.

12 Machenda na alazhi a mafungu kwenda angizwa madzi, makim'uza, M'shomyi, huhende-ni?

13 Akiaamba, M'silazheni vit'u dzulu ya murizholagizwa.

14 Makim'uza na at'u mendao viha-ni, makinena, Na sino huhende-ni? Akiaamba, M'sim'hendereni mut'u nguvu; m'sim'semeni mut'u kwa ulongo: kaheri murifwazho vim'toshe.

15 Na o enye mudzi marihokala makilolera, makiaza osini myoyo-ni mwao ga Johan'ne, K'anji ndeye Masiha?

16 Akiudzya Johan'ne, akiaambira osi, Mino nam'hosa kwa madzi, ela kidza yunadza are na nguvu kunikira mimi, hasiyekala hat'u hangu kamare ha kum'vugula mikowa ya virahu-zhe, iye yundam'hosa kwa Roho Mwaruhe na m'oho.

17 Na-ye m'kono-ni mwakwe muna lungo-lwe, yundaluhendera-t'o muhala-we, na mutsere yundaukundzumanya luts'aga-ni mwakwe, na zho vitsu yundavitsoma na m'oho usiozinyika.

18 Be were akiaambira uworo-wa-t'o o enye mudzi, kwa kuaonyesa mangine manji;

19 hata shaha Herode akichemerwa ni iye

10 Wakamuuliza yale mak'utano, wakasema, Tufanyeni basi ?

11 Akajibu akawambia, Mwenyi k'anzu mbili nampe asiye k'anzu ; na mwenyi vyakula afanye vivyo.

12 Wakenda watozi wa ushuru nao kwenda kutiwa maji, wakamuuliza, Mwalimu, tufanyeni ?

13 Akawambia, Msitoze k'itu juu ya mlivyoagizwa.

14 Wakamuuliza na wat'u wendao vitani, wakasema, Naswi tufanyeni ? Akawambia, Msimtenze mt'u nguvu : msimshitaki mt'u kwa uwongo : tena, mshahara wenu na uwatoshe.

15 Na wale wenyeji walipokuwa wakitezama, wat'u wot'e wakiwaza myoyoni mwao habari za Johanne, kana kwamba Huyu siye Masiha?

16 Alijibu Johanne, akawambia wot'e, Kuwatia-maji nawatia, lakini huyo ajae yuna nguvu kunipita mimi, isiyekuwa kiasi changu hata kumfungulia vigwe vya viatu vyakwe; basi, huyo atawatia-maji kwa Roho Mtakatifu na moto.

17 Nae uteo wakwe anao mkononi mwakwe, atausafia uwanda wakwe, na nafaka atazikusanyia bukharini mwakwe, ayateketeze makapi kwa moto usiozimika.

18 Basi alikuwa akiweleza injili wale wenyeji kwa kuwaonya mengine tena mangi;

19 hata mfaume Herode alipok'aripiwa nae

kahi ya uworo wa Herodia, muche wa ndugu-ye,
na go maut'u mai gosi arigohenda iye Herode,

20 achongeza na hvivi kaheri dzulu ya zho-
sini, akim'funga Johan'ne chumba-ni.

21 Hákala hat'u ha kutobywa kwao o enye
mudzi osi, na iye Jesu, arihogonywa kuto-
bywa, kahi ya kuomba-kwe, kukigunuka
dzulu,

22 Roho ra Kutsuka rikitserera dzulu-ye,
rina sura za mwiri here giya; ukiombola
mumiro dzulu, ukiamba, Uwe u mwa-
nangu nikuhendza-ye, ninafwahirwa na-
-we.

23 Na-ye mwenye Jesu were yunaandza mwa-
ka wa hat'u ha m'rongo wa hahu, makimwe-
rekeza kukala mwana wa Josefu, wa Eli,

24 wa Matati, wa Lewi, wa Maluki, wa
Jan'nai, wa Josefu,

25 wa Matatia, wa Amosi, wa Nahum', wa
Esuli, wa Nagai,

26 wa Maati, wa Matatia, wa Shimei, wa
Joseki, wa Juda,

27 wa Johanan', wa Resa, wa Zorobabeli, wa
Salatieli, wa Neri,

28 wa Maluki, wa Adi, wa Kosam', wa Elu-
madam', wa Eri,

29 wa Jesua, wa Eliezer, wa Jorim', wa
Matati, wa Lewi,

30 wa Simeon', wa Juda, wa Josefu, wa
Jonam', wa Eliakim',

katika habari ya Herodia, mkewe nduguye, na mambo mabaya yot'e aliyofanya yeye Herode,

20 akaongeza na hili tena juu ya yote, alimfunga Johanne gerezani.

21 Ilikuwa katika kùtiwa kwao maji wale wenyeji wot'e, na Jesu nae alipokwisha tiwa--maji, yu katika kuomba Mngu, kukapasuka juu,

22 Roho Mtakatifu akamshukia juu yakwe yuna sura kama za kiwiliwili, kama ndiwa, ikatoka sauti mbinguni, ikimwambia, Wewe u mwanangu, mpenzi wangu; nami nimefurahiwa kwako.

23 Nae mwenyewe Jesu alikuwa umri wakwe yuapata mwanzo wa myaka thalathini, akithaniwa kuwa mwana wa Josefu, wa Eli,

24 wa Mathati, wa Lewi, wa Malki, wa Jannai, wa Josefu,

25 wa Matathia, wa Amosi, wa Nahum, wa Esili, wa Naghai,

26 wa Maathi, wa Matathia, wa Shimei, wa Joseki, wa Juda,

27 wa Johanan, wa Resa, wa Zorobabeli, wa Salathieli, wa Neri,

28 wa Malki, wa Adi, wa Kosam, wa Elmadam, wa Eri,

29 wa Jesua, wa Eliezeri, wa Jorim, wa Mathati, wa Lewi,

30 wa Simeon, wa Juda, wa Josefu, wa Jonam, wa Eliakim,

31 wa Melea, wa Men'na, wa Matata, wa Natan, wa Davidi,

32 wa Jesai, wa Obedi, wa Boazi, wa Salumani, wa Naashon',

33 wa Aminadabi, wa Arinai, wa Esurom', wa Faresi, wa Juda,

34 wa Jakobo, wa Isaak, wa Abaraham', wa Tera, wa Nahor,

35 wa Saruku, wa Ragan', wa Faleki, wa Eber, wa Shela,

36 wa Kainan', wa Arafashadi, wa Shem', wa Noa, wa Lameki,

37 wa Metusala, wa Enoko, wa Jaredi, wa Maleleeli, wa Kainan',

38 wa Enosi, wa Seti, wa Adam', wa MULUNGU.

UKOMO WA-NE.

4. NA JESU udzaadzala Roho ra Kutsuka, akiuya kuko Jorodan' akihirikwa lwanda-ni ndani ya Roho ra Kutsuka,

2 akijezwa siku mirongo mine ni P'ep'o, na k'arire kit'u siku zizo, hata kumarigisa-kwe zirihotimizwa akisikira ndzala.

3 P'ep'o akimwamba, Chamba u mwana wa Mulungu, rambire rino iwe kwamba rikale mukahe.

4 Jesu akim'udzya, akiamba, Zháorwa kwamba, Mudamu k'akala m'oyo kwa mukahe tuu, ela ni kwa kila neno rosi ra Mulungu.

G.   19

31 wa Melea, wa Menna, wa Matatha, wa Nathan, wa Davidi,

32 wa Jesai, wa Obedi, wa Boazi, wa Salmani, wa Naashon,

33 wa Aminadabi, wa Arnai, wa Esirom, wa Faresi, wa Juda,

34 wa Jakobo, wa Isaaki, wa Abraham, wa Thera, wa Nahori,

35 wa Saraku, wa Ragau, wa Faleki, wa Eberi, wa Shela,

36 wa Kainani, wa Arafakasadi, wa Shem, wa Noa, wa Lameki,

37 wa Methusala, wa Enoko, wa Jaredi, wa Maleleeli, wa Kainani,

38 wa Enosi, wa Sethi, wa Adam, wa MNGU.

MLANGO WA-NE.

4. JESU akarudia huko Jorodan hali ya kujaa Roho Mtakatifu, akapelekwa barani ali katika Roho,

2 akijaribiwa ni Shetani siku arubaini, nae siku hizo alikuwa hali k'itu, hata kisha zilipotimia alisikia ndaa.

3 Shetani akamwambia, Ukiwa u mwana wa Mngu, lambie hilo jiwe liwe mkate.

4 Jesu akamjibu, akasema, Imeandikwa kwamba, Bin-Adam hawi mzima kwa mkate tuu, illa kwa killa neno la Mngu.

S.

19

5 P'ep'o akimwambusha dzulu ya kirima kire, akim'onyesa udzumbe wosi wa urumwengu-ni kwa kirurumo kichache.

6 P'ep'o akimwambira, Nindakup'a indzi riri rosi, na ubomu wao aa, kwani náikirwa dzulu yangu, nami ni kum'p'a nihendzaye.

7 Be undihonipigira mavwindi mbere zangu undakala na-zho zhosi.

8 Jesu akim'udzya akimwamba, Uka-ko, uuye nyuma zangu, P'ep'o: kwani zháorwa, Undam'pigira mavwindi Bwana Mulungu-o, um'humikire iye mumwenga.

9 Na-ye akim'hirika Jerusalem, achenda akimwinya dzulu ya kitsuri cha ridziza ra Mulungu, akimwamba, Chamba ndiwe mwana wa Mulungu, kuko uriko dzitsuhe ts'i-ni,

10 kwani zháorwa, Yundaalagiza malaika-e hat'u-ho, kwamba makutsundze,

11 kaheri, Mandakuanula mikono-ni mwao, p'ore ukadza dzikwala kigulu-cho iwe-ni.

12 Na-ye Jesu akim'dzigidzya, akimwamba, Zhánenwa, Usim'jeze Bwana Mulungu-o.

13 Hata arihomarigisa kujeza kosini, P'ep'o akiuka akim'richa kipindi.

14 Akiuya Jesu kwa nguvu za Roho achenda Galili, kuvuma-kwe kukijenera ts'i zosi za k'anda-k'anda.

15 Na-ye mwenye were akifunda migojo-ni mwao, akikunywa ni osi.

16 Achenda Nazareti, arihorerwa, hata kwa

5 Shetani akamkweza juu ya mlima mrefu, akamuonyesha ufaume wot'e wa ulimwenguni kwa dakika moja.

6 Shetani akamwambia, Nitakupa enzi hii yot'e, na utukufu wao hawa, kwa kuwa nimewekewa juu yangu, nami nimpendae humpa.

7 Basi wewe utakaponisujudia mbele zangu, vit'u hivi utakuwa navyo vyot'e.

8 Jesu akamjibu akamwambia, Ondoka uende nyuma yangu, Shetani: kwani imeandikwa, Msujudie Bwana Mngu wako, umtumikie yeye mmoja.

9 Nae akampeleka Jerusalem, akamsimamisha juu ya nt'a ya hekalu, akamwambia, Kwamba u mwana wa Mngu, huko uliko jitupe t'ini,

10 kwani imeandikwa, Atakuagizia malaika wakwe kwamba wakutunze,

11 tena, Watakuinua mikononi mwao, usije ukakunguwaa guu lako jiweni.

12 Nae Jesu akamjibu akamwambia, Imeambiwa, Usimjaribu Bwana Mngu wako.

13 Hata alipotimiza kuonda kwakwe kot'e, aliondoka yule Shetani akamuata kitambo.

14 Akarudi Jesu kwa nguvu za Roho, akenda Galili, kikaenea kivumi chakwe nt'i zot'e za k'andok'ando.

15 Nae mwenyewe alikuwa akifunza-funza katika misikiti yao, akipata sifa kwa wot'e.

16 Akenda Nazarethi, huko alikolewa, hata

siku ya jumwa rao achangira rigojo-ni mwao here ada-re, akiima kushoma,

17 achombozezwa chuwo cha Mwambirizi Isaia, akikigunula akiona hat'u harihoorwa,

18 Roho ra Bwana ri dzulu yangu, ndosa akinangiza mafuha, niasumurire anyonge uworo-wa-t'o; udzanihuma kuahoza marioti-sika myoyo, kuambiriza atawwa urichwi, na atsowi a matso kuona kaheri, kuaricha mahuru mariotsikitswa,

19 kuwambiriza mwaka wa Bwana m'tsagu-lwa.

20 Akikundza chuwo, akim'udziza muhumiki, akikelesi, na matso ga mariokala-ho osi mo rigojo-ni gakim'huriziza.

21 Akiaha kunena na-o, akiambira, Rero maoro gaga gadzatimira masikiro-ni mwenu,

22 osi makim'lazhira uzhodherwa, makima-kira go maneno ga hendzezo garigolaa kauwa--ni-mwe, machamba, Yuno si mwana wa Josefu ?

23 Akiambira, K'avina hae-hae m'ndaniamba ndumo ii, Muganga dzizikihe hat'u-ho: gosi hurigosikira gadzahendeka Kaperinaum' ga-hende haha mudzi wenu mwenye.

24 Akiamba, Ni jeri namwambira kwamba, K'ahana mwambirizi ariyehendzerwa ts'i-yao mwenye.

25 Siulongo namwambira magungu anji ma-riokala-ko Isiraili siku za Eliya, mulungu-ni kurihofungwa wula myaka mihahu na myezi mihandahu, ts'i ririhoangira gumbo bomu:

kwa siku ya sabato akangia katika msikiti wao kama dasituri yakwe, akasimama illi kusoma,

17 akatolewa chuo cha Nabii Isaia, akakikundua kile chuo, akaona pahali palipoandikwa:

18 Roho wa Bwana yu juu yangu, ndipo akanitia mafuta, nipate kuwahubiri masikini habari njema : amenituma kuwapoza waliopondeka myoyo, kuwatangazia mateka mawato, na vipofu kurejea kuona kwao, kuwaata mahuru wat'u walioshetwa,

19 kutangaza mwaka wa Bwana uliotauliwa.

20 Akakikunda chuo, akamrudishia mngojezi, akak'eti, na wot'e waliokuwapo msikitini wakimtulizia mato yao.

21 Akaanza kusema nao, akawambia, Leo maandiko haya yametimia masikioni mwenu.

22 Wakamshuhudia wot'e, wakataajabia maneno ya neema yaliyotoka kanwani mwakwe, wakasema, Huyu siye mwana wa Josefu ?

23 Akawambia, Hapana shaka mtanambia fumbo hii, Mganga, agua náfusi yako : yot'e tuliyosikia kutendeka Kapernaum, yatende na hapa katika nt'i yako mwenyewe.

24 Akawambia, Ni kweli nawambia, kwamba Hakuna nabii aliyekubaliwa katika nt'i yakwe mwenyewe.

25 Hakika yangu nawambia, kulikuwa na wajane wangi Isiraeli zamani za Elia, majira kulipofunga mvua mbinguni myaka mitatu na myezi sita, ikingia ndaa k'uu nt'i vot'e:

26 na-o k'ahirikirwe Eliya kwenda kwa ao m'mwenga waho, ela Zarefata iriyo ts'i-ya Sidon' kwa m't'u-m'che gungu.

27 Na amahana anji mariokala-ko Isiraili makati ga mwambirizi Elisha, na k'ahana ari-yetsuswa asihokala Naaman' M'suri.

28 Machadzalwa ni k'oro mariokala-ho rigo-jo-ni osi marihosikira hvivi,

29 makiima makim'tsuha-ndze ya mudzi, makim'hirika hata t'aramuko za kirima kiri-choakwa mudzi wao, kwamba makamuworo-mose,

30 na-ye akikira kahi-kahi yao, achenda.

31 Akitaramuka achenda Kaperinaum' mu-dzi wa Galili, akikala akiafundya siku za sabato,

32 machangalala kwa mafundyo-ge, kwani neno-re rere hamwenga na wadimi.

33 Na mo rigojo-ni mwere na mut'u yuna roho ra p'ep'o mukolo akipiga k'ululu na mu-miro m'bomu,

34 akiamba, Richa! siswi huna-ni na-we, Jesu wa Nazareti? Udzire fwononga? Na-kumanya u hani: u muēri wa Mulungu.

35 Jesu akim'chemera, akimwamba, Nyama-la, m'ombole. P'ep'o akim'tsuha kahi-kahi, akim'ombola, na k'amuhendere ut'u.

36 Makihenda kumaka osi, makiuzanya ao kwa ao, makiamba, Ut'u uno ni inoni wa iye kuamulira p'ep'o akolo kwa wadimi na nguvu, machombola?

G.   22

26 wala hakuletwa Elija kwa mmoja wapo illa kwa yule mwanamke mjane aliyek'eti Zarefatha nt'i ya Sidon.

27 Na wakoma wangi walikuwako Israili zamani za nabii Elisha, wala hapana aliyetakaswa isipokuwa Naaman Msuri.

28 Wakajawa ni hasira wot'e waliokuwapo msikitini waliposikia haya,

29 wakaondoka wakamtoa n'de ya mji wakampeleka hata ukungo wa kilima kilichojengewa mji wao, wapate mpomoshea t'ini,

30 mwenyewe akapita katikati yao akenda.

31 Akateremuka akenda Kaperinaum mji wa Galili, akawa kuwafunza-funza kwa siku za sabato,

32 wakasangaa kwa mafundisho yakwe, kwani neno lakwe lilikuwa pamoja na uwezo.

33 Palikuwa na mt'u mmoja humo msikitini yuna roho ya p'epo mchafu, akipiga k'elele kwa sauti k'uu,

34 akasema, Ata! swiswi tunani nawe, Jesu wa Nazarethi? umekuja kutuangamiza? Nakujua u nani, mtakatifu wakwe Mngu.

35 Jesu akamkemea, akamwambia, Nyamaza umtoke. Nae p'epo akamwangusha nt'i katikati, kisha akamtoka, asimdhuru neno.

36 Wakafanya ajabu wot'e, wakasemezana wao kwa wao, wakasema, N neno gani hili, hata akawaamru p'epo wachafu kwa uwezo na nguvu, wakitoka?

37 Rikijenera rurumo-re kut'u kwa k'anda-
-k'anda kosi.

38 Achombola mo rigojo-ni, achangira nyu-
mba-ni mwa Simon'. Na m'tsedza-we Simon'
mame muche-we were udzagwirwa ni kidhi-
ngidhyo kinji, makim'hvoya kwa ut'u-we.
39 Iye na kumwimira dzulu-ye, akikichemera
cho kidhingidhyo, kikim'richa; akiuka haho
henye, akiaha kuahumikira.

40 Na dzua ririhofisha kutswa osi marioka-
la na akongo ao enye ukongo ungine-ungine
makim'rehera, na-ye akiaikira mikono-ye dzulu
yao kila mut'u, akiahoza.
41 Na anji mákala machombolwa ni p'ep'o,
makipiga k'ululu, makiamba, Uwe u Masiha
mwana wa Mulungu. Akiachemera na k'ari-
chire makanena, kwa kukala manam'manya
ndeye Masiha.
42 Hata kurihocha achombola achenda hat'u
hasiho at'u, yo mitunganano ikikala kumu-
mala, makim'kwendera, makim'zulia atsaau-
kira.
43 Akiamba, Hata midzi mingine na-yo ni-
agirwe kwenda iambiriza udzumbe wa Mu-
lungu, kwani ndosa nikihumwa.

44 Na-ye were achambiriza kahi ya migojo
ya Galili.

37 Kivumi chakwe kikaenea nt'i za k'ando-
-k'ando kot'e-kot'e.

38 Akatoka msikitini, akangia katika nyumba
ya Simon. Na mkwewe Simon mamae mkewe
alikuwa ameshikwa ni homa k'ali, wakamtaka
kwa ajili yakwe,
39 akamsimamia juu yakwe, akaikemea ho-
ma; ikamuata; akaondoka muda ule, akawa
kuwatumikia waliokuwapo.

40 Na jua lilipotua wot'e waliokuwa na wa-
gonjwa wenyi maradhi aina nyengine-nyengine
walimletea kwakwe, akiwaweka mikono juu
yao killa mmoja akawapoza.
41 Na wangi walikuwa wakitokwa ni p'epo,
huko wakipiga k'elele, wakisema, Wewe u
Masiha, mwana wa Mngu. Akawakemea wala
asiwaate wakasema, kwa vile wamjuavyo kuwa
ndiye Masiha.
42 Hata kulipopambauka akatoka akenda
pahali pasipokuwa na watu, wale mak'utano
wakamtafuta-tafuta, wakamwendea kwakwe,
wakataka kumzuia kwamba asiwaondokee.
43 Akawambia kwamba, Hata miji hiyo iliyo-
baki imenipasa kuuhubiri ufaume wa Mngu;
kwani ndiyo maana yakwe hata nikatumwa.

44 Nae alikuwa akihubiri katika misikiti
ya Galili.

UKOMO WA TSANO.

5. KWÁKALA o m'tunganano urihomumınya kwa kusirıkiza maneno ga Mulungu, na-ye mwenye wimire k'anda ya ziya ra Gen'nesareti,

2 akiona zhombo vi'ri viimire k'anda ya ziya : na avuhi madzatserera manaogesa nyavu zao.

3 Akikwera kahi ya kimwenga-che zho zhombo kirichokala cha Simon', akim'mala kukihirika kure ut'u uchache na ngoka. Akikelesi, akiaha kuifundya mitunganano mo chombo-ni.

4 Hata arihogonya kunena, akimwambira Simon', Kihirike hata ridzina-ni, mukatsereze nyavu zenu muhale pato.

5 Simon' akidzigidzya, akimwamba, Bwana, zho hudzizhohenda kazi hata kutswa k'ahupatire kit'u : ela kwa neno-ro nindazitsereza nyavu.

6 Na-o marihomarigisa kuhenda hvizho, makigadengereshera makumba iho zima, nyavu zao zikimala kutaruka :

7 makiaiha na mikono angara ao mariokala chombo cha hiri madze ma'avwize, makidza machadzaza zhombo zhosi vi'ri, na-zho vikimala kuhoha.

8 Simon' Petero arihoona garyahu akigwa mavwindi-ni mwa Jesu, akimwamba, Nitanira, kwa kukala ni mut'u mwenye dambi, hewe Bwana.

9 Kwani wámaka iye na osi mariokala na-ye, kwa pato ra makumba marovuha ;

MLANGO WA TANO.

5. ULIPOKUWA kumsonga hivi ule mk'utano kwa kusikiza maneno ya Mngu, nae mwenye-we amesimama k'ando ya ziwa la Gennesareti,

2 aliona vyombo viwili vimekaa k'ando ya ziwa: wameshuka wavuvi waosha nyavu zao.

3 Akapanda katika vyombo hivyo kimoja wapo, nacho ni cha Simon, akamtaka akipele-ke mbali kidogo na ufuo. Akak'eti, akawa kuwafunza makut'ano mumo chomboni.

4 Hata kisha, alipokwisha nena maneno ya-kwe, alimwambia Simon, Kipeleke hata kinani, mkashushe nyavu zenu mupate t'anzi.

5 Simon akajibu akamwambia, Bwana mku-bwa, hivi tulivyofanya kazi kutwa hatujapata k'itu: lakini kwa hilo neno lako t'azishusha nyavu.

6 Hata wakisha fanya mambo yale waka-zingira samaki t'umbi nzima, nyavu zao zikawa kuraruka:

7 wakawapungia mikono washirika wao wa-liokuwa chombo cha pili, wapate kuja ku-saidia; wakaja, wakavijaza tele vile vyombo vyao, vyot'e viwili, vikataka kuzama.

8 Akisha ona yale Simon Petero, alianguka magot'ini pakwe Jesu, akamwambia, Ondoka kwangu, kwa kuwa ni mt'u mwenyi dhambi, ewe Bwana.

9 Kwani alitaajabu yeye na wot'e waliokuwa nae kwa t'anzi za samaki waliovua;

10 na hvizho Jakobo na Johan'ne, ana a Zebedeo, mariokala angara-e Simon'. Jesu akimwamba Simon', Sogohe, hangu hvikara undakala kugwira at'u.

11 Na marihogonya kuvuha madau gao ngoka-ni makiricha zhosini makim'tuwa.

12 Yákala arihokala yo midzi mumwenga--waho, po mut'u areadzala mahana, arihom'ona Jesu akigwa kimbere-mbere, akim'dhedheja, akimwamba, Bwana ukihendza unádima kunitsusa.

13 Akigoloza m'kono-we akimgut'a, akimwamba, Nahendza, tsuka. Mahana-ge gakim'ombola haraka.

14 Akim'laga kwamba atsamwambira m't'u neno: ela enda uwe ukadz'onyese kwa mulombi, na uhirike zha kutsuswa-ko, here arizholagiza Mose, vikale zhodherwa kwao.

15 Ela ndo garihokaza kujenera go maneno--ge. Ikitunganana miminyano minji kudza m'sirikiza, na kuhozwa ni iye makongo gao.

16 Na-ye mwenye were akidz'ahusa kwenda kut'u kusiko at'u, akihvoya.

17 Kwákala siku ziryahu mwenga-waho, iye mwenye wákala kufundya at'u, na Mafarisi na afundi a ugwirwi mere haho makelesi mala' kila kadzidzi ka Galili na Judea, na Jerusalem' na-ko, haho hakikala na nguvu za Bwana za iye kuahoza.

10 na Jakobo na Johanne wana wa Zebedeo nao vivyo, waliokuwa washirika wakwe Simon. Jesu akamwambia Simon, Usiogope, tangu sasa utapata t'anzi za wat'u.

11 Nao walipokwisha egesha madau yao p'wani, waliata vyot'e, wakamfuata.

12 Ilikuwa alipokuwa katika miji ile mmo-ja wapo, huyo ndiye, mt'u mume amejawa ni ukoma; alipomuona Jesu akaanguka kiuso--uso, akamsihi, akamwambia, Bwana ukipenda waweza kunitakasa.

13 Akanyosha mkono wakwe, akamgusa, akamwambia, Napenda, takata. Ukoma wa-kwe ukamtoka mara.

14 Akamuonya, akamwambia asimwambie mt'u neno: lakini enda wewe ukajionye kwa kuhani, upeleke na vya kutakaswa kwako, ka-ma alivyoamru Mose, iwe ushushuda kwao.

15 Habari yakwe ikazidi kuenea tuu. Wa-kak'utana makut'ano mangi kuja kumsikiza na kupozwa nae magonjwa yao.

16 Nae mwenyewe alikuwa akijiepua kwenda mwahali msimo wat'u, kwenda kuomba Mngu.

17 Ilikuwa siku zile moja wapo yeye mwe-nyewe alikuwa akifunza wat'u, na Mafarisi na wakufunzi wa torati walikuwa papo wamekaa, waliotokea killa kijiji cha Galili na Judea, na Jerusalem nako. Na nguvu za Bwana ziliku-wapo, hata akawapoza.

18 Po! at'u alume madzatsukula mut'u mwenye kutikwa-tikwa ni vilungo-zhe, madzam'tsukula dzulu ya kit'anda, manamala kumwangiza ndani, kumwikira mbere-ye;

19 hata makiona k'ahana hat'u ha kum'kiza ndani na-ho kwa o muminyano wa at'u, makikwera dzulu ya nyumba, makim'tsereza kahi ya lwavu iye na kat'anda-ke makim'laza kahi--kahi mbere za Jesu.

20 Na-ye arihoona kuluhiro rao, akimwamba, Mut'u, zidzarichwa kwako dambi-zo.

21 Makikala kugaluzanya-galuzanya o Mafarisi na o aori, makiamba, Ni hani yuno anenaye makosa? Ni hani adimaye kurichira dambi asihokala Mulungu hake-ye?

22 Hata Jesu unamanya magaluzanya gao akidzigidzya, akiamba, Ni-ni kugaluzanya myoyo-ni mwenu?

23 Ririro rangwangu ni hiro? ni kwamba, Zidzarichirwa dambi-zo, hedu kwamba, Uka uzhoge?

24 Na-nwi kwamba mum'one kukala na wadimi mwana wa mudamu dzulu ya-ts'i wa kurichira dambi,—akimwamba ye mwenye kutika-tika, Nakwambira uwe, uka, utsukule ko kat'anda-ko, udzendere kwako nyumba-ni.

25 Haho akiima mbere zao, akitsukula kiryahu aricholalira achenda nyumba-ni-kwe akim'lika Mulungu.

26 At'u osi machangalala, makikala kum'lika Mulungu, machadzalwa ni oga, makiamba, Rero hudzaona dhedhu!

G.   26

18 Nao hao ndio, wat'u waume wametukua mt'u aliyepooza juu ya kit'anda; wakataka kumpeleka ndani, kumwekea mbele yakwe;

19 wasipate pa kumpisha ndani kwa ajili ya ghasia ya wat'u, wakapanda juu ya dari wakamshusha kati ya paa yeye na kile kijit'anda chakwe katikati mbele ya Jesu.

20 Nae alipoona imani yao, alimwambia, Ewe mt'u, zimesamehewa kwako dhambi zako.

21 Wakawa kuhujiana wao kwa wao wale Mafarisi na waandishi, wakasema, N nani huyu asemae ya kukufuru? N nani awezae kusamehe dhambi asipokuwa Mngu pekee?

22 Nae Jesu akijua huja zao, alijibu akawambia, Mwahujianani myoyoni mwenu?

23 Lililo jepesi n lipi? ni kusema, Zimesamehewa kwako dhambi zako, au ni kusema, Ondoka utembee?

24 Nanywi mpate muona kuwa na uwezo mwana wa mt'u juu ya nt'i wa kusamehe dhambi,—akamwambia yule aliyepooza, Nakwambia wewe, ondoka, utukue hicho kijit'anda chako wende zako nyumbani kwako.

25 Mara ile akasimama mbele zao, akatukua kile alicholalia, akenda nyumbani kwakwe, huku akimsifu Mngu.

26 Wakasangaa wot'e, wakawa kumsifu Mngu, wakajawa ni hofu, wakasema, Leo tumeona mambo!

27 Kidza nyuma ya gaga achombola, aki-m'lola mupizi wa ts'andzi, dzina-re uifwa Lewi, ukelesi hatsangwaho; akimwamba, Ni-tuwa.

28 Akiricha zhosini akiuka akim'tuwa.

29 Na-ye Lewi akim'hendera nyambura bo-mu kwakwe nyumba-ni, machadzala tele apizi--a-ts'andzi na angine mariokelesi kurya chaku-rya ho hamwenga na-o.

30 Mafarisi na aori ao mariokala-ho makinu-ng'unizanya kwa afundwi-e, makiamba, Ni-ni kurya na kunwa hamwenga na apizi a ts'a-ndzi na enye dambi?

31 Jesu akidzigidzya akiamba, Mamumalao m'ganga so maro na matsia; ni akongo tu'.

32 Sidzire aiha maro ut'u udzo, ela maro ut'u ui kudza kolwa na vii zhao.

33 Na-o makimwamba, Hambe afundwi-e Johan'ne manazira k'ana nyinji, na kuhasa, na a afundwi a Mafarisi manahenda hvizho; be ela ano ako manarya mananwa!

34 Akiamba, Dzee munadima kwamba mua-zize asena a aro-ni makazira akikala hamwenga na-o iye mulozi?

35 Ela kidza zo siku zindakudza: na andi-houswa kwao ye_ mulozi, ndo mazire, siku zizo.

36 Aki'ambira na funjo, kwamba, K'ahana

27 Hata baada ya haya akatoka, akenda akamuona mt'u mmoja mtozi-wa-nyushuru, jina lakwe akiitwa Lewi, amekaa pahali zilipotozwa nyushuru; akamwambia, Nandama.

28 Akaata vyot'e, akaondoka akamuandama.

29 Nae Lewi akamfanyia karamu k'uu nyumbani kwakwe, wat'u wakajaa tele, watozi-wa--nyushuru na wat'u wenginewe waliokaa wakila chakula pamoja nao.

30 Mafarisi na waandishi wao waliokuwako wakawanung'unikia wanafunzi wakwe, wakasema, N nini kula na kunwa pamoja na watozi -wa-nyushuru na wenyi dhambi?

31 Jesu akajibu akawambia, Wat'u wenyi afia hawana haja na mganga, isipokuwa wagonjwa tuu.

32 Sikuja kuweta wenyi haki, illa wenyi dhambi, kuja kutubu.

33 Nao wakamwambia, Hao wanafunzi wa Johanne mbona wafunga mara nyingi, na kufanya dua, na vivyo wanafunzi wa Mafarisayo, nao hawa wako wala, wakinwa!

34 Akawambia, Jee mwaweza kuwafanya wana wa ukumbi wa harusi wafunge awapo pamoja nao yeye bwana harusi?

35 Lakini siku zile zitakuja, atakapoondolewa kwao bwana harusi, ndipo nao wafunge, katika siku zile.

36 Akawambia na fumbo, kana kwamba,

mut'u ahalaye nguwo mbisha kwenda iangiziza
kidemu cha nguwo ya kare: na akihala, yo
mbisha udzaitarura, na yo ya kare k'achereke-
zenye na-yo kidemu cha nguwo mbisha.

37 Na k'ahana angizaye uchi witsi vikuchi
zha kare, na achiangiza o witsi undavitarura
vikuchi ukakala kumwagika, na zho vikuchi
vikaonongeka:

38 ela uchi witsi uangizwa vikuchi visha,
zhosi vi'ri vikakala-t'o.

39 Na k'ahana mutu adziyenwa uchi wa kare,
haho akamala witsi, kwani yunanena, U wa
kare ni baha.

UKOMO WA HANDAHU.

6. KwÁKALA siku ya sabato ya hiri, iyo iriyo
nyuma-ze yo ya kwandza, kukira iye kahi-kahi
ya minda, o afundwi-e makihulula-hulula
masuche makirya manahokotsa hvivi maga-
ndza-ni mwao.

2 Angine mwero wa Mafarisi makiamba,
Hambe m'nahenda visizhofwaha kuvihenda
kwa masiku ga Sabato.

3 Jesu akiadzigidzya akiamba, K'am'dzasho-
ma hata hviryat'u zha Davidi, arizhohenda ho
arihosikira ndzala iye na o mariokala-ho na-ye?

4 Achangira kahi ya nyumba ya Mulungu,
akigwira yo mikahe ya uso, akirya, akiap'a
na o andzi-e, na-yo k'aifwaha kuriwa ni at'u
masihokala alombi haki-yao.

G. 28

Hakuna atwaae nguo mpya akatia kiraka nguo k'uu-k'uu; na akitwaa, ile m'pya ameipasua; na ile k'uu-k'uu hakilingani nayo kiraka cha ile m'pya.

37 Wala hakuna atiae mvinyu m'pya katika viriba vikuu-kuu, na akitia, ile m'pya hupasua viriba, wenyewe ikamwaika, vikaharibika viriba;

38 Lakini mvinyu m'pya hutiwa viriba vipya, vyot'e viwili vikawa salama.

39 Wala hakuna mwenyi kunwa mvinyu ya kale mara akatamani m'pya, kwani yuasema, Afudhali ya kale.

MLANGO WA SITA.

6. ILIKUWA kwa siku ya Sabato ya pili baada ya kwanza, kupita yeye katikati ya mashamba, nao wanafunzi wakwe walikuwa kupurura mashuke, wakila huku wakiyapukusa-pukusa mikononi mwao.

2 Wengine katika Mafarisi wakawambia, Mbona mnafanya isiyokuwa halali kuyafanya siku za Sabato?

3 Jesu akawajibu akawambia, Hamjasoma hata hayo aliyofanya Davidi, alipokuwa na ndaa yeye na waliokuwapo nae?

4 Kana kwamba alingia katika nyumba ya Mngu akatwaa ile mikate ya uso, akala, akawapa na waliokuwapo nae; nayo si halali wat'u kuila isipokuwa makuhani pekeyao.

5 Akiaambira kwamba, Mwana wa mudamu ni Bwana wa Sabato na-yo.

6 Na siku ya Sabato nyingine, kwákala iye kwangira mo rigojo-ni, akifundya. Na-ho hana mut'u m'kono-we wa kurya udzamumalala.

7 Aori na Mafarisi makikala kum'lolera, mam'one k'anji yundahoza kwa siku ya Sabato, mapate ra kwenda m'sema.

8 Iye na kumanya magaluzanya gao, akimwamba yuya mut'u mwenye m'kono wa kumalala, Uka uime kahi-kahi. Àkiuka akiima.

9 Be, Jesu akiamba, Na-mi namuuza ut'u: kwamba inafwaha kuhenda vidzo kwa siku ya Sabato hedu kuhenda vii, kutizha roho hedu kuriononga?

10 Na arihoalola osini kuno na kuno, akimwambira, Goloza o m'kono-o: akihenda hvizho, m'kono-we ukim'uya.

11 Na-o machadzalwa ni vilalu, makisumurira enye kwa enye mam'hende-dze ye Jesu.

12 Zhákala siku zizo, achombola achenda murima-ni kwenda hvoya, akichesa kucha kuhvoya Mulungu.

13 Na kurihong'ala akiaiha afundwi-e, akitsagula mwao at'u kumi na airi, akiap'a na dzina ra ahumwi:

14 Simon' ariyemwiha na dzina ra Petero, na ndugu-ye Andarea, Jakobo na Johan'ne, Filipo na Baratolomeo,

5 Akawambia kwamba, Mwana wa mt'u ni Bwana wa Sabato nayo.

6 Hata siku ya Sabato nyengine ilitukia yeye kungia katika msikiti, akifunza: napo pana mt'u mkono wakwe wa kulia umemvia.

7 Waandishi na Mafarisi wakawa kumteza-ma, wapate muona kwamba atapoza kwa siku ya Sabato; illi wapate la kumshitaki.

8 Mwenyewe akatambua huja zao, akamwa-mbia yule mwenyi mkono wa kupooza, Ondoka usimame hapa kati. Akaondoka akasimama.

9 Jesu akawambia, Nami nawauza neno: Jee, ni halali kwa siku ya Sabato kutenda mambo mema, au kutenda mambo mabaya, kuponya roho au kuangamiza?

10 Akawaangalia wot'e upande huu na huu, kisha akamwambia, Nyosha mkono wako. Akaunyosha, ukarejea mkono wakwe.

11 Nao wale walijawa ni wazimu, wakawa kusemezana wao kwa wao wamtendeje yeye Jesu.

12 Ilikuwa siku hizo, akatoka akenda mli-mani kwenda kuomba Mngu; akakesha kucha ali katika kuomba kwa Mngu.

13 Hata kulipopambauka, aliweta wanafunzi wakwe; akataua wat'u kumi na wawili kwao, akaweta jina lao mitume:

14 Nao ni Simon aliyemwita na jina la Pe-tero, na nduguye Andarea, Jakobo na Johanne, Filipo na Baritholomeo,

15 Ma*t*eo na *T*oma, Jakobo wa Alufeo na Simon' aifwaye Zelo*t*e.

16 Na Ju*d*a wa Jakobo, na Ju*d*a Muisikaria, ariyek*a*la m'fi*t*ini-we.

17 Aki*t*aram'ka achenda na-o, akiima ha*t*'u hahembeleleho, na m'*t*unganano m'bomu wa afun*d*wi-e na enye mudzi mala' Ju*d*ea yosi na Jerusalem', na *t*'si za *T*uro na Sidon' za k'anda za madzi-manji, ri*t*un*d*u rizima, madzire m'si-r*i*kiza na kuhozwa makongo gao,

18 na a*t*'u mariokumbwa ni p'ep'o za ukolo makik*a*la kuzikifwa.

19 Makim*a*la kum'gu*t*'a mu*t*unganano wao wosi, k*w*a hviryahu urizhok*a*la unam'la' wa*d*imi ukiahoza osi.

20 Na-ye wáanula matso akialola afun*d*wi-e, akin*e*na, Baha ninwi akiya, k*w*a kuk*a*la udzu-mbe wa Mulungu ni wenu.

21 Baha ninwi mre na ndzala hv*i*kara, k*w*a kuk*a*la mundak*w*akushwa. Baha ninwi muri-rao hv*i*kara, k*w*a kuk*a*la mundakudza mutseke.

22 Baha ninwi a*t*'u mandihom'tsukirirwa, mandihom'shula, na kum'sholera, na kuritsu-ha-ndze dzina renu here rii, k*w*a u*t*'u wa mwana wa mu*d*amu.

23 Fwahirwani s*i*ku iyo, mu*t*uluke-*t*uluke, k*w*ani fungu renu ni bomu a*t*'i ko mulungu--ni: k*w*ani ni here hvivi babizao marizhok*a*la makiahenda o ambirizi.

24 *E*la ore wenu apati, k*w*ani mudzapata kare o uongoli wenu.

15 Matheo na Thoma, Jakobo wa Alfeo, na Simon aitwae Zelote,

16 na Juda wa Jakobo, na Juda Muisikaria, aliyekuwa khaini wakwe.

17 Akateremuka, akenda nao akasimama pahali patambarare, na wanafunzi wakwe wamejaa tele, na kundi kuu la wenyeji, waliotokea Judea yot'e na Jerusalem, na nt'i za p'wani-p'wani za Turo na Sidon; wamekuja kumsikiza na kupozwa magonjwa yao:

18 wakawa kupozwa hao waliopagawa ni p'epo wachafu.

19 Wakataka kumgusa mk'utano wao wot'e, kwa kuwa uwezo ulikuwa ukitoka kwakwe; ukiwapoza wot'e.

20 Nae alivua mato akawaangalia wanafunzi wakwe, akasema, Mmebarikiwa nywinywi masikini, kwa kuwa ufaume wa Mngu ni wenu.

21 Mmebarikiwa mlio na ndaa sasa, kwa kuwa mtakuja kushibishwa. Mmebarikiwa mliao sasa, kwa kuwa mtakuja kuteka.

22 Mmebarikiwa nywinywi, wat'u watakapowatukia, watakapowaepusha, na kuwafyolea, na kulitupa n'de jina lenu kama baya, kwa ajili ya mwana wa mt'u.

23 Furahiwani siku hiyo muruk'e-ruk'e, kwani mshahara wenu ni mkubwa ati huko mbinguni. Kwani babazao walikuwa wakiwafanya manabii kama haya.

24 Lakini, ole wenu wenye mali, kwani mnakwisha pata tuzo lenu.

25 Ore wenu muadzalao hvikara, kwani mu-
ndakusikira ndzala. Ore wenu, mutsekao
hvikara, kwani mundaakakwa na kurira.

26 Ore wenu at'u osi mandihomuhadza-t'o-
-hadza-t'o, kwani ni here hvivi babizao mari-
zhokala makiahenda arya ambirizi a ulongo.

27 Ela kidza namwambira ninwi m'sikirao,
Ahendzeni ai-enu, ahendereni-t'o mamutsuki-
rirwao,

28 ahadzeni-t'o mam'hukanirao, ahvoyereni
mam'onerao.

29 Akupigaye mbalahe ino, m'galuzire na
ino: na akuhokaye amba-ro sim'lashe na yo
ya ts'i-ni.

30 Mwero wa akumalaye m'p'e, na akuho-
kaye zhako, usivimale kwakwe kaheri.

31 Na mumalazho kuhenderwa ni at'u nwi
ahendereni hvizho.

32 Hedu kala munaahendza o mam'hendzao,
mudzapata m'vera wa-ni? kwani hata enye
dambi ni kuahendza maahendzao.

33 Na kala munaahendera-t'o o mam'he-
nderao-t'o, mudzapata m'vera wani? kwani
hata o enye dambi ni kuhenda hvivi.

34 Kaheri kala munaap'a at'u kuno mu-
kiaza kurifwa, mudzapata m'vera wani?
kwani hata o enye dambi ni kuap'a
enye dambi andzi-ao makirifwa zha kara-
-kara.

35 Ela ninwi hendzani ai enu, muahende-
re-t'o at'u; mup'anane, m'sihoaza kurifwa; na-

25 Ole wenu mliojaa sasa, kwani mtasikia ndaa. Ole wenu mtekao sasa, kwani mtasikitika na kulia.

26 Ole wenu wat'u wot'e watakapowataja kwa wema, kwani babazao walikuwa wakiwafanya manabii wa uwongo kama haya.

27 Lakini nawambia nywinywi msikiao, Wapendeni adui zenu, watendeni vyema wawatukiao,

28 wabarikieni wawaapizao, waombeeni wawaoneao.

29 Akupigae kofi la upande huu, msongezee na huu, na akunyang'anyae joho lako usimzuilie wala k'anzu yako.

30 Mpe akutakae awae yot'e: na akunyang'anyae vyako usivitake kwakwe tena.

31 Nanywi killa mtakalo fanyiwa ni wat'u wafanyieni nao lilo.

32 Nanywi kwamba mwawapenda wawapendao, mmepata ahasanta gani? kwani hata wenyi dhambi huwapenda wawapendao.

33 Na kwamba mwawatendea vyema wawatendeao vyema, mmepata ahasanta gani? kwani hata wenyi dhambi hufanya vivyo.

34 Tena kwamba mwawapa wat'u karadha huko mkitumaini kupata kit'u, mmepata ahasanta gani? kwani hata wenyi dhambi huwapa karadha wenyi dhambi wenziwao wakirejezwa kama vile.

35 Lakini adui zenu wapendeni; tendeanani mambo mema, mupanane karadha msipotumaini

-nwi fungu renu rindak*a*la rinji : kaheri mundak*a*la ana a Ariye-dzulu-zhomu, k*w*a kuk*a*la iye ni mu*d*zo k*w*a masio m'vera, at'u ai.

36 Bai k*a*lani na mbazi here dza iye Babiyenu arizho na mbazi.

37 M'tsaalamula, na-nwi k'amundalamulwa : m'tsaasema at'u ui-ni, na-nwi k'amundasemwa ui : richirani, na-nwi m'ndarichirwa.

38 Agereni at'u, na-nwi mundagerwa; kiezo kidzo kidzok'andamizwa kikasindirwa ha*t*a kikamw*a*gika-mw*a*gika, ndo mandichom'gera mal*a*ga-ni mwenu. Kwani kiezo muezacho ndocho mundichokudza muezezwe.

39 Akiambira na funjo, Mutsowi wa matso yunaa*d*ima kumulongoza mutsowi wa matso mwandzi-we ? K'amandagwerera wina-ni osini?

40 Mufun*d*wi k'ak*a*la dzulu ya mufun*d*i-we, ela kaheri k*i*la mut'u wosi adzekira yuk*a*la here dza mufun*d*i-we.

41 Kaheri ni-ni uwe kukal*o*la kadzihi ka*r*e ndani ya dzitso ra nd*u*gu-yo, na k'usikire riryat'u *gogo* riro kahi ya dzitso-ro mwenye.

42 He*d*u undaa*d*ima-dze kumwambira nd*u*gu-yo, Nd*u*gu-yangu niricha nikakulazhe kadzihi kare kahi ya dzitso-ro, na ro *gogo* uriro na-ro kahi ya dzitso-ro mwenye k'uril*o*la; hewe m'l*o*ngo, kwandza dzilazhe *gogo* ririro kahi ya dzitso-ro mwenye, be ndo uone-t'o kukalazha kadzihi kariko dzitso-ni mwa nd*u*gu-yo.

43 K*w*ani k'akuna muhi mudzo uhendao

kurejezwa; nanywi ujira wenu utakuwa mwingi: tena mtakuwa wana wa Aliye-Juu-Sana, kwa kuwa yeye ni mwema kwa wat'u wasio ahasanta wenyi ubaya.

36 Basi iwani na huruma kama Babaenu alivyo na huruma.

37 Msiamueni, nanywi hamtaamuliwa: msihukumuni, nanywi hamtahukumiwa: waatieni wat'u, nanywi mtaatiwa.

38 Toani, nanywi mtatolewa; kiasi chema, kimeshindiliwa na kusukwa-sukwa hata kikamwaika, ndicho watakachowapa vifuani mwenu. Kwani kiasi mpimiacho ndicho mtakachokuja kupimiwa.

39 Akawambia na fumbo, Jee mt'u aliye kipofu aweza kumuongoza kipofu mwenziwe? ehe, hawataangukia shimoni wot'e wawili?

40 Mwanafunzi hawi juu ya mkufunzi wakwe, lakini killa mmoja aliye mtimilifu huwa kama mkufunzi wakwe.

41 Nawe waangaliliani kijiti kilicho ndani ya jito la nduguyo, na ile boriti iliyo ndani ya jito lako huna habari nayo.

42 Au utapataje kumwambia nduguyo, Ndugu yangu, niata nikakutoe hicho kijiti kilicho ndani ya jito lako, nawe ile boriti iliyo ndani ya jito lako, mbona huiangalii. Mnafiki wewe, jitoe kwanza boriti ya jitoni mwako, kisha ndipo utakapoona vyema kukitoa kijiti kilicho ndani ya jito la nduguyo.

43 Kwani hakuna mti mwema uzaao matu-

ndude mbii, hedu k'akuna muhi mui uhendao
ndude mbidzo:

44 kwa kukala kila muhi wosi umanyika
kwa ndude-ze. Kwani k'amatsungumanya
k'uyu miya-ni, kaheri k'amakundzumanya
k'ongoza-manga chongwa-ni.

45 Mut'u are mudzo kahi ya vidzo vidzizho-
ikwa m'oyo-ni-mwe, ulazha zhambazho ni
vidzo: na mut'u are mui, kahi ya vii vidzizho-
ikwa m'oyo-ni-mwe, ulazha zhambazho ni vii:
kwani go gangwago ni kanwa-ke ni kulaa
ndani ya unji wa o m'oyo.

46 Na-nwi ni-ni kuniha Bwana, Bwana;
m'sihohenda ga ninenago?

47 Mut'u wosi anidziriraye kwangu, akisikira
maneno gangu na kugahenda, nindam'onyesa
udzahalana na hani:

48 udzahalana na mut'u muaki wa nyumba,
aretsimba-ts'i akihenda kidzina, akiika viguzo-
-zhe dzulu ya iwe: hata ganatserera madzi,
ukifunga o muho, ukiiyerera nyumba-ye, na
k'awadimire kuisumbya, kwa hviryahu idzi-
zhoangizizwa viguzo-zhe iwe-ni.

49 Ela kaheri yuya ambaye udzasikira na
k'ahendere, udzahalana na mut'u areaka nyu-
mba-ye dzulu ya mitsanga, na viguzo-zhe
k'azhangizizwe ndani, hata o muho unadza
iyerera, ikigwa yo nyumba haho henye, woro-
moko-re rikikala rinji.

nda maovu, wala hata mti muovu uzaao matu-
nda mema:

44 Kwani killa mti hujulikana kwa matunda
yakwe. Kwani katika miba wat'u hawakusa-
nyi tini, wala katika mbigili hawatundi
zabibu.

45 Mt'u aliye mwema katika akiba njema ya
moyoni mwakwe hutoa ambayo ni mema; na
mt'u aliye mbaya katika akiba mbaya ya mo-
yoni mwakwe hutoa ambayo ni mabaya: kwa-
ni mt'u ni katika kuzidi kwa ule moyo ine-
navyo midomo yakwe.

46 Nanywi mbona mnanita Bwana, Bwana;
msipofanya nisemayo?

47 Killa mt'u mwenyi kunijia kwangu, aki-
sikia maneno yangu na kuyatenda, t'awaonye-
sha mfano alio:

48 ni mfano mt'u ajengae nyumba, aliyeti-
mba na kushusha t'ini, akapiga msingi juu ya
mwamba; kukaja maji ya mvo, ule mkondo
ukaifulia ile nyumba, usiweze kuitukusa;
kwani ilikuwa imepigiwa msingi juu ya mwa-
mba.

49 Lakini yule aliyesikia, wala hakutenda,
ni mfano mt'u aliyejenga nyumba juu ya
udongo pasipo msingi; ukaifulia ule mto,
ikaanguka mara ile nyumba, maboromoko
yakwe yakawa makuu.

UKOMO WA FUNGAHE.

7. HATA arihomarig*i*sa maneno-ge gosi masi-kiro-ni mwao aryat'u enye mudzi, kum*a*la-kwe achangira-ts'i ya Kaperinaum'.

2 Na-ho here na mut'u mumwenga m'bomu wa as*i*kari, yuna m'tumwa-we muhendzwi-we, na-ye were udzag*w*irwa ni ukongo, yunam*a*la kufwa.

3 Be arihos*i*kira uw*o*ro wa Jesu, akihuma at'u azhere kahi ya Mayahu*d*i mende k*w*ak*w*e makamumale adze akamutizhe m'tumwa-we.

4 Hata manafika k*w*akwe makim'dhedheja sana, makiamba, Mut'u iye yunafwaha um'-hendere ut'u uo,

5 k*w*ani yunahendza ts'i-yehu, ha*t*a ro rigojo adzefwakira ni iye.

6 Jesu ach*e*nda na-o, ha*t*a unaf*i*kira hehi ho nyumba-ni yuyat'u mubomu wa as*i*kari akim'-rehera as*e*na-e, makimwamba, Bwana, utsadzi-sirinya, k*w*ani sifwaha uangire ts'i-ni ya mbavu za nyumba yangu :

7 Be ndo kuno kudziona sifwaha ha*t*a ku-kwendera. *E*la n*e*na uwe *t*u', muhoho wangu yundahola.

8 Kwani na-mi ni mut'u niriyeik*w*a ts'i-ni ya indzi, nina as*i*kari ts'i-ni yangu, ha*t*a nikimwa-mbira yuno Enda, un*e*nda ; na yuno Ndzoo, yunadza ; na mutumwa wangu, Henda hvivi, ni kuhenda.

9 Jesu arihos*i*kira gaga akimumakira, aki-

MLANGO WA SABAA.

7. NAE alipokwisha yatimiza maneno yakwe yot'e masikioni mwao wale wenyeji, kisha alingia katika Kaperinaum.

2 Basi akida fulani mtumwa wakwe alikuwa hawezi, akithaniwa mauti: nae ni mt'u apendekezae kwakwe.

3 Aliposikia habari ya Jesu, alimpelekea wazee katika Mayahudi, illi kumtaka aje akamponye yule mtumwa wakwe.

4 Walipofika kwakwe wale, walimsihi sana, wakimwambia, Amesitahili huyo umtendee neno hilo:

5 kwani yuatupenda taifa yetu, na msikiti wetu ametujengea.

6 Jesu akenda nao. Hata alipopata karibu ya nyumba yakwe, akida alimpelekea katika masahibu yakwe, akamwambia, Bwana, usiudhike, kwani sifai ungie t'ini ya paa la nyumba yangu.

7 Ndipo hajiona sifai kuja kwako mwenyewe: illa tamka useme neno tuu, mtoto wangu atapoa.

8 Kwani mimi ni mt'u niliyewekwa t'ini ya hukumu, nna asikari t'ini yangu: nikimwambia huyu, Enda, yuenda; na huyu, Ndoo, yuaja; na mtumishi wangu, Fanya haya, hufanya.

9 Jesu aliposikia yale akamtaajabia, akawa-

udengerekera o mutunganano wa at'u mamu-
tuwao, akiamba, Namwámba, hata kahi ya
Isiraili sidzangwe kuona rikuluhiro dza riri.

10 Aryat'u madziohumwa makiuya hata
nyumba-ni, makim'ona udzakala baha yuyat'u
mutumwa.

11 Kidza nyuma ya gaga achenda mudzi
mumwenga dzina-re uifwa Nain', na afundwi-e
mere makim'tuwa na mutunganano munji.

12 Hata unafikira hehi ho muwirya wa mudzi,
mut'u adzefwa po! yunatsukulwa-ndze, amba-
ye were mwana-we hake-ye mameye, ni muche
gungu, na at'u anji a mudzi-ni ma haho ha-
mwenga na-ye.

13 Bwana unam'lola hvivi akim'onera mbazi,
akimwamba, Utsarira.

14 Akisongera hehi akilugut'a lo lutara-lwe;
o atsukuli makiima. Akiamba, Hewe mutana,
nakwambira, Uka.

15 Akiuka yuyat'u adzefwa akikelesi, akiaha
kunena. Akimup'a mameye akale na-ye.

16 At'u osi makihenda oga, makim'kunya
Mwenye-Mulungu makiamba, Kwehu udza-
ombola mwambirizi mubomu; kaheri, Mulu-
ngu udzaalola enye-mudzi-e.

17 Uchombola uworo hat'u-he uchenda-ts'i
yosi ya Judea, na-ts'i zosi za k'anda-k'anda.

18 Na Johan'ne wáreherwa uworo ni afu-
ndwi-e hat'u ha maut'u garyahu gosi.

19 Akiaiha ye Johan'ne airi kahi ya afu-

lekeza ule mk'utano uliomuandama, akawa-
mbia, Nawambia, sijaona imani k'ubwa mfano
huu, hata katika Israili.

10 Wakarejea wale waliotumwa wakenda
nyumbani, wakamuona yule mtumwa ha
jambo.

11 Hata baada ya haya p'unde, alikwenda
mji mmoja uitwao jina lakwe Nain, ameanda-
miwa ni wanafunzi wakwe na mak'utano mangi.

12 Hata alipopata karibu nao ule mji la-
ngoni pakwe, huyo ndiye, maiti yuatukuliwa
n'de, ni mwana pekee wa mamae, nae ni
mjane, na wat'u wa mji wangi wali pamoja
nae.

13 Bwana alipomuona akangiwa ni huruma
kwakwe akamwambia, Usilie.

14 Akasongea, akaigusa jeneza: wakasimama
wale walioitukua. Akamwambia, Ewe kijana,
nakwambia, Ondoka.

15 Yule maiti akaondoka, akakaa, akaanza
kusema. Akampa mamae awe nae.

16 Wat'u wot'e wakangiwa ni oga, wakimtu-
kuza Mwenyiezi-Mngu, huku wakisema, Kwe-
tu ametokea nabii mkuu, tena, Mngu ame-
waangalia wenyeji wakwe.

17 Ikatoka ile habari yakwe, ikaenea Judea
yot'e, na nt'i zot'e za k'andok'ando.

18 Na Johanne aliletewa habari ya mambo
yale yot'e ni wanafunzi wakwe.

19 Johanne akaweta wawili katika wana-

ndwi-e, akiahuma mende kwa Jesu makam'-
uze: Uwe ndeye adzaye, hedu hum'rindize
mungine?

20 Hata manafika kwakwe arya at'u alume,
makimwamba, Mutobyi Johan'ne udzahuhuma
kwako, yunakuuza: Uwe ndeye adzaye, hedu
hum'lolere mungine?

21 Be haho henye were akihoza at'u anji
makongo na mapigo na p'ep'o mbii, na
at'u anji marofwa-matso akiagera kuona
kwao.

22 Iye na kuadzigidzya, akiamba, Endani
mukam'p'e uworo Johan'ne gaga mudzigoona
hvivi na kusikira: atsowi a matso manaona
kaheri, vidende ni kwenda, amahana ni ku-
tsuswa, abwibwi ni kusikira, at'u marofwa
manafufulwa, akiya ni kwambirizwa uworo-t'o.

23 Na baha iye! mut'u ambaye k'andakwala
kwangu.

24 Hata o ahumwa-e Johan'ne makihouka,
akiaha kuambira yo mitunganano hat'u ha
Johan'ne:. Mudzala' kwenda ona-ni ko weru-
-ni? hedu ni rangi risumbywa-sumbywaro ni
p'eho?

25 Ehe! mudzala' kwenda ona-ni? ni mut'u
adzevwikwa mavwalo molovu! Hambe o enye
nguwo za kuramara mahafunao ut'u udzo ma
kahi ya midzumba ya mashaha.

26 Mudzala' kwenda ona-ni be nwi kuko?
ni mwambirizi? K'ona! namwamba, ni ut'u
unji kum'kira mwambirizi.

27 Yuno ndeye ereorerwa here gaga: Lo-

funzi wakwe, akawatuma kwa Jesu, wakamuu-
lize kwamba, Wewe ndiye ajae, au tumtezamie
mwengine?

20 Wakisha fika kwakwe wakamwambia,
Mzamishi Johanne ametutuma kwako, aku-
uliza: Wewe ndiye ajae, au tumtezamie
mngine?

21 Na wakati ule alikuwa akipoza wat'u wa-
ngi magonjwa na mapigo, na kuwachomoa
p'epo wabaya, akiwapa wangi vipofu kuona
kwao.

22 Ndipo akajibu akawambia, Endani mka-
muarifu Johanne habari ya hayo mliyoona na
kusikia: vipofu wakiona tena, wenyi viguu wa-
kenda masia, wenyi ukoma wakitakata, viziwi
wakisikia, maiti wakifufuliwa, masikini waki-
hubiriwa injili.

23 Nae raha ndakwe asiyejikuwaa kwa-
ngu.

24 Basi wakisha ondoka wale wajumbe wa-
kwe Johanne, alikuwa kuwambia mak'utano
habari ya Johanne: Mmetoka kwenda kuteza-
ma nini huko barani? ni mwanzi usukwa-
-sukwao ni upepo?

25 Ehe, mmetoka kwenda onani? ni mt'u
aliyevaa mavao mororo? kumbe walio na ma-
vazi ya kung'ara watafunao raha wa katika
majumba ya wafaume!

26 Illa mmetoka kwenda onani? ni na-
bii? Nawambia, naam, tena ni zaidi ya
nabii.

27 Huyo ndiye aliyeandikiwa kama maneno

la, nam'huma muhumwi wangu mbere ya uso-o, andiyekuhendera-t'o ngira-yo mbere--zo.

28 Kwani namwámba, Hat'u ha mariozhalwa ni at'u-ache k'ahana mut'u mubomu am'-kiraye Johan'ne, ela kaheri ariye mutite hat'u ha ushaha wa Mulungu um'kira.

29 Makisikira o enye mudzi osi na apizi-a--ts'andzi, makim'p'a Mulungu ujeri-we, maki-kala ni at'u madzioangizwa madzi ni iye Johan'ne.

30 Ela aryahu Mafarisi na afundi a uagirwi mere kukahala chuwo cha Mulungu dzulu yao, makatsaangizwa madzi ni iye.

31 Ye Bwana akiamba, Be, niahalanye na inoni at'u a kizhalo kino? na-o madzahalana na-ni?

32 Ni kuhalana na ahoho makelesio muhala wa madhora, makiihana, makiamba, Hudzamupigira vwoti, k'am'zazigire; hudzamukelelesi hanga-ni, k'amuririre.

33 Kwani udzire mutobyi Johanne kar'ya mikahe na k'anwa uchi, na-nwi munaamba, Yuna p'ep'o:

34 Kidza udzire mwana wa mudamu unarya, unanwa, na-nwi munaamba, Yuno ndeye! mut'u mulafi munwadzi wa uchi, m'sena wa apizi-a-ts'andzi na enye dambi.

35 Na ulachu ugerwa ujeri-we ni ana-e osi.

36 Be mut'u mumwenga hat'u a Mafarisi

C.

haya : Angalia, namtuma mjumbe wangu mbe-
le ya uso wako akakutengezee ndia yako mbele
zako.

28 Kwani nawambia, Katika waliozaliwa ni
wanawake hakuna aliye mkubwa kumpita Jo-
hanne, illa aliye mdogo katika ufaume wa
Mngu humpita.

29 Wakasikia wale wenyeji wot'e na wa-
tozi-wa-nyushuru, wakampa Mngu haki,
wakiwa ni wat'u waliotiwa maji ni Jo-
hanne.

30 Lakini wale Mafarisi na walimu wa torati
walilipinga shauri la Mngu juu yao, wasitiwe
maji nae.

31 Bwana akasema, Basi niwafananishe na
nini wat'u wa kizazi hiki? nao wamefanana
na nini?

32 Wamefanana na watoto waliok'eti so-
koni, wakiitana, wakisema, Tumewapigia
p'irimbi msiteze, tumeombolea msilie.

33 Kwani amekuja mzamishi Johanne hali
mkate wala hanwi mvinyu, nanywi mwasema,
Yuna p'epo!

34 Kisha amekuja mwana wa mt'u, akila
akinwa, nanywi mwasema, Huyo ndiye, mt'u
mlafi, mnwaji wa mvinyu, sahibu wao watozi
wa nyushuru na wenyi dhambi.

35 Hikima nayo imepawa haki yakwe, myo-
ngoni mwa wanawe wot'e.

36 Kisha mt'u mmoja katika Mafarisi aka-

akimumala adze arye chakurya kwakwe; a-changira nyumba-ni mwa yuya Farisi, akike-lesi kurya chakurya.

37 Na-we lola, were haho mwana-muche nganya wa mudzi urya, ni muche mwenye dambi, na-ye arihopata uworo-we kwamba yumo nyumba-ni mwa yuya Farisi, yunarya cha-kurya, wáhala ts'azi ya mafuha genye luwula,

38 achenda akiima nyuma-nyuma magulu-ni hakwe, akirira, akiaha ku-m'-dweseza matsozi magulu-ge, akim'hangusa-hangusa na nyere za kitswa-che, akim'tsudza magulu na kugahaka go mafuha ga luwula.

39 Hata yuya Farisi ariyemwiha yunalola hvivi, akiamba ndani ya m'oyo-we: Mut'u yuyu kala were mwambirizi angere udzamu-manya yu muche ni hani, ni mwana-muche wa-ni amugut'aye, kukala iye ni mwenye--dambi.

40 Ye Jesu akim'dzigidzya akimwamba, He-we Simon', nina ut'u namala kukwambira. Akimwamba, Mufundi, nena.

41 Mut'u mumwenga mwenye deni were na adeni-e at'u airi: yuno mumwenga unairwa riali magana matsano, na mwandzi-we una-irwa riali makumi matsano:

42 Na marihokala k'amana kit'u cha kumu-riha, akiarichira osi airi. Be, iye andiyem'-hendza sana ni hiye?

43 Ye Simon' akidzigidzya akimwamba, K'a-nji ndeye adziyemurichira sana. Akimwamba, Udzaalamula ujeri.

G.

38

mtaka aje ale chakula kwakwe; akangia nyumbani kwakwe Farisi, akak'eti kula chakula.

37 Nawe angalia, mwanamke fulani katika mji ule, nae ni mwanamke mmoja mwenyi dhambi, alipokwisha mjua kuwa yu nyumbani kwa yule Farisi yuala chakula, alileta t'upa ya manuk'ato,

38 akenda akasimama kwa nyuma katika maguu yakwe, akilia hivi, akawa kumuosha maguu kwa matozi yakwe, akiyafuta kwa nywele za kitwani mwakwe, huku akimbusu--busu maguu na kuyapaka manuk'ato.

39 Alipoona mambo yale yule Farisi aliye-mwita, alisema moyoni mwakwe: Mt'u huyu kwamba alikuwa nabii, angemtambua mwa-namke huyu n nani, ni mt'u namna gani huyu amgusae, ya kwamba ni mwenyi dhambi.

40 Jesu akajibu akamwambia, Ewe Simon, nna neno langu nataka kwambia. Akamwa-mbia, Mwalimu, sema.

41 Mt'u mmoja mwenyi deni alikuwa na wadeni wakwe wat'u wawili: yule mmoja awi-wa dinari mia t'ano, mwenziwe awiwa dinari hamsini.

42 Walipokuwa hawana la kumlipa, aliwasa-mehe wot'e wawili. Basi atakaempenda sana ni yupi?

43 Simon akajibu akamwambia, Nathani ni yule aliyemsamehe sana. Akamwambia, Umea-mua haki.

44 Akimwerekeza yuya mwana-muche, aki-mwamba Simon', Mwana-muche yuyu una-m'ona? Dzaangira mwako nyumba-ni, uwe k'unip'ere madzi ga kuoga magulu; na yu muche udzanogesa magulu na matsozi-ge, aka-nihangusa na nyere za kitswa-che.

45 K'unip'ere hata tsudzo, na-ye hangu haho nidzihoangira k'arichire kunitsudza magulu gangu.

46 Uwe k'unihakire kitswa changu mafuha, na-ye udzanihaka magulu mafuha ga luwula.

47 Bai nakwamba ndo adzihorichirwa zi dambi-ze nyinji hvivi, kwa kuno kuhendza -kwe kunji: ela ye adzerichirwa vichache uhendza vichache.

48 Akimwamba, Udzarichirwa dambi-zo.

49 Arya mariokelesi chakurya-ni hamwenga na-ye makiaha kunena ndani mwao, Ni hani yuyu aarichiraye at'u dambi?

50 Akimwamba mwana-muche, Kuluhiro-ro ridzakutizha: enda na udheri.

UKOMO WA NANE.

8. KIDZA nyuma za gaga ye mwenye were kudengereka midzi-midzi na udzidzi-udzidzi, achambiriza at'u na kuaonyesa uworo-wa-t'o wa ushaha wa Mulungu; na arya at'u kumi na airi ma hamwenga na-ye,

2 na at'u-ache nganya asiku mariohozwa ma-

G. 39

44 Akamlekeza yule mwanamke akamwambia Simon, Wamuona mwanamke huyu? Nalingia mimi nyumbani kwako, hukunipa maji ya kunawa maguu; nae ameninavya maguu kwa matozi, ameyafuta kwa nywele za kitwani mwakwe.

45 Hukunipa busu; nae tangu pale nilipongia, hakuata kunibusu maguu yangu.

46 Hukunipaka kitwa changu mafuta; nae amenipaka manuk'ato maguu yangu.

47 Kwa ajili ya haya nakwambia, amesamehewa dhambi zakwe zilizo nyingi, kwa kuwa amekuwa mwenyi kupenda sana: ela asamehewae kidogo nae hupenda kidogo.

48 Akamwambia, Zimesamehewa kwako dhambi zako.

49 Basi wale waliok'eti nae kula chakula walikuwa kusema ndani yao, N nani huyu awasameheye wat'u dhambi nazo?

50 Akamwambia mwanamke, Imani yako imekuokoa: enda na amani.

MLANGO WA NANE.

8. KISHA baada ya haya alikuwa yeye kutembea miji miji na vijiji vijiji, akihubiri, huku akiwambia na injili ya ufaume wa Mngu; na wale wat'u kumi na wawili wa pamoja nae,

2 na wanawake kadhawakadha waliopozwa

roho mai na makongo : ni Maria aifwaye M'ma-
gidali, ambaye udzaombolwa ni p'ep'o afungahe,

3 na Joan'na mukaza-Kuza, mumanyiriri-we
Herode, na Susan'na, na andzi-ao anji at'u
mam'humikirao kahi ya marizho na-zho.

4 Be marihokala kutunganana at'u anji, hata
o at'u marola' midzi-midzi manam'kwendera
hvivi, akikala kuasumurira kwa funjo :

5 Wáombola mulayi wa mbeyu, achenda laya
mbeyu-ze : arihokala akilaya zo mbeyu, nyi-
ngine zikigwa k'anda ya ngira, zikizhogwa na
ku riwa ni ts'ongo ;

6 nyingine zikigwa ho mbarara-ni, hata zi-
namera hvivi zikiuma kwa ko kutsowa-kwe
kiwaware ;

7 nyingine zikigwa kahi ya miya, iki-
mera yo miya hamwenga na-zo, ikizimi-
nya.

8 Nyingine zikigwa kahi ya ulongo udzo,
zikimera zikihenda kuzhala-kwe lwa-gana. Be,
kunena-kwe gaga were kupiga k'ululu : Mwe-
nye masikiro ga kusikira ni asikire !

9 O afundwi-e makim'uza, Ni inoni yo
funjo ?

10 Akiamba, Kwenu ninwi vidzap'ewa ku-
manya njama za ushaha wa Mulungu, ela
kwa angine vidzakala ni kwa funjo-funjo,
kwamba mangahoona matsaona-t'o, mangaho-
sikira visiang'arire.

11 Na-yo ndo yo funjo : mbeyu ndo maneno
ga Mulungu :

maroho mabaya na magonjwa : nao ni Maria aitwae Mmagidali, aliyetokwa ni p'epo sabaa,

3 na Johanne mkewe Kuza, wakili wakwe Herode, na Susanna, na wengine wangi walio-kuwa wakimtumikia katika walivyo navyo.

4 Walipok'utanika wat'u wangi, na wale ka-tika miji-miji wakimwendea hivi, ndipo akase-ma nao kwa fumbo :

5 Mpanzi wa mbeyu alitoka kwenda kupanda mbeyu zakwe : alipokuwa akipanda nyengine zilianguka k'ando ya ndia, zikakanyagwa- -kanyagwa na kuliwa ni nyuni wa angani :

6 nyengine zikaanguka penyi mwamba ; zi-lipotepuza zilikauka mara kwa kukosa rutuba.

7 Nyengine zikaanguka kati ya miba, ile miba ikatepuza pamoja nazo, ikasonga zile mbeyu, zikafa.

8 Nyengine zikaanguka katika udongo mzu-ri, zikatepuza, zikazaa moja kwa mia. Akisha sema haya alikuwa kupiga ukelele, Mwenyi masikio ya kusikia nasikie.

9 Wanafunzi wakwe wakamuuliza, Maana yakwe n nini fumbo hiyo ?

10 Akasema, Nywinywi mmepawa kujua siri za ufaume wa Mngu : na wengine wot'e kwa fumbo-fumbo, illi kwamba wangaona wasione, wangasikia wasifaha-mu.

11 Nayo ndiyo maana yakwe fumbo : Mbeyu n neno la Mngu.

12 a k'anda za ngira ndo mambao madzihosikira haho yunadza P'ep'o akigahoka go maneno kahi ya myoyo yao, p'ore makalaho kukuluhira makatiya;

13 na-o a mbarara-ni ndo mambao haho masikiraho ni kugagwira maneno kwa kufwahirwa, na k'amana sina ano : ndo makuluhirao kipindi, hata makati ga kujezwa ni kuahuka;

14 na-zo zirizogwa kahi ya miya, ndo aa mambao haho madzihosikira manenda hvivi, manafwitika kwa masirinyo na mali na kufwahirwa zha ut'u uu wa urumwengu-ni, matsaivwisa kit'u ng'o.

15 Na-zo za kahi ya ulongo udzo, ndo at'u mambao madzihosikira go maneno, ni kuga-unya kahi ya myoyo midzo iriyo ut'u udzo, makihenda ndude kwa kuvumirira.

16 Be k'ahana mut'u adziyeasa tsala akaribinigiza na nyungu, hedu akariangiza muvungu-ni; ela ni kuriika dzulu ya kiya-che, kwamba at'u mangirao ndani maulole o mulangaza-we.

17 Kwani k'ahana ut'u uriofitsika wambao k'aundakuikwa lwazu : na k'ahana urioikwa kinjama usiokwenda manyikana na kuombola lwazu.

18 Dzimanyirireni bai zho mundizhosikira ; kwani kit'u mukala na-cho up'ewa, na m'tso-wi-we uusizwa hata chambacho udzadziona ni mwenye kukala na-cho.

12 Wa k'ando ya ndia ni hao waliosikia, kisha akenda Shetani akaliondoa lile neno myoyoni mwao, wasije wakaamini wakaokoka.

13 Wa juu ya mwamba ni hao, ambao wakisha sikia hulipokea lile neno kwa furaha, wala hawana shina hao, ni wat'u waaminio kitambo kidogo, hata wakati wa kujaribiwa hukengeuka.

14 Walioanguka mibani ni hao waliosikia, hata wakenda hivi husongolewa hivi ni masumbuko na mali na anasa vya maisha haya, wasiivishe cho chot'e.

15 Na wa katika udongo mwema, ni wat'u waliolisikia neno, wakalishika katika moyo mwema uliolekea, wakazaa mazao kwa kuvumilia.

16 Basi, hapana mt'u aliyewasha taa kisha akaifinikiza chombo, au kuitia mvunguni: illa huiweka juu ya kinara illi wangiao wapate ona nuru zakwe.

17 Kwani hakuna lililofinikwa illa litakalokwenda likafunuliwa; wala hakuna lililo fitamana illa litakalo kujulikana, likatokea wazi.

18 Jiangalieni basi kwa mtakavyosikia: kwani kit'u mwenyi nacho hupawa, na asiyekuwa nacho hunyang'anywa hata athaniwacho kuwa nacho.

19 Makim'kwendera mameye na ndugu-ze na k'amapatire kumugwira kwa uryat'u muminyano wa at'u.

20 Akimanyiswa kwamba, Mameyo na ndugu-zo madzaima ho-ndze manamala kuonana na-we.

21 Akidzigidzya akiamba, Mimi hmama na ndugu-zangu ndo ao masikirao maneno ga Mulungu na kugahenda.

22 Kwákala kwa siku ziryahu mwenga-waho ye mwenye unakwera dzulu ya chombo na afundwi-e, akiamba, Ni huvuke ziya fwende nyangamo : be makihirikwa kidzina-ni.

23 Hata manenenda hvivi akilala usindzizi. Lukitserera luvuto lwa p'eho dzulu ya ziya, chombo kichadzalwa ni madzi, makikala zani-ni.

24 Makim'kwendera makim'hondosa, makiamba, Hmwinyi, hmwinyi, hunaangamika ! Akiuka akiichemera yo p'eho na imbi ra madzi : vikiricha, kukihurira.

25 Akiauza, Kukuluhira kwenu ku hiho ? Be makihenda oga makimaka, machambirana, Ni mut'u wani yuno bai ? hata aamuliraye p'eho na madzi vikim'sirikiza.

26 Makifika lalo ra Gerasi, rambaro rerekezenye na Galili.

27 Hata unaombola dzulu ya-ts'i achenda m'ona mut'u-mulume nganya wa uryat'u mudzi, yuna p'ep'o anji ; siku nyinji were k'avwa-

19 Wakamwendea mamae na nduguze, wasipate kumdiriki kwa ule mk'utano wa wat'u.

20 Akaletewa habari kana kwamba, Mamaako na nduguzo wamesimama n'de wataka kuonana nawe.

21 Akajibu akawambia, Mamaangu na nduguzangu hao ndio wasikiao neno la Mngu na kulitenda.

22 Na siku zile moja-wapo ilikuwa yeye kupanda chomboni na wanafunzi wakwe, akawambia, Na tuvukie ng'ambu ya pila ya ziwa. Wakapelekwa kinani.

23 Wakenda hivi alilala usingizi. Ikashuka dharuba ya upepo juu ya ziwa, chombo kikawa kujaa maji, wakawa katika hatari.

24 Wakamwendea wakamwamsha, wakasema, Bwana mkubwa, bwana mkubwa, tu katika kuangamia. Akaondoka akaukemea upepo na lile wimbi la maji, vikaata; kukawa shuwari.

25 Akawambia, I wapi imani yenu? Wakafanya hofu, wakamaka, wakasemezana, N nani basi huyo, hata aamruye upepo na maji, vikimsikiza?

26 Wakafikilia p'wani ya nt'i ya Wagerasi, iliyolekea Galili.

27 Hata aliposhuka p'wani, akak'utwa ni mt'u mmoja wa katika mji ule, yuna p'epo--p'epo; hakuvaa nguo siku nyingi wala ha-

s. 42

la mavwalo, na k'akalire nyumba-ni isihokala mbira-ni tu'.

28 Be akim'ona akipiga lukululu, akigwa mbere-ze, akiamba kwa mumiro mubomu, Mimi nina-ni na-we, Jesu mwana wa Mulungu Ariye-dzulu-zhomu? Nakudhedheja utsanisirinya.

29 Kwani were kumwamulira p'ep'o mukolo kum'ombola yuyat'u mut'u, kwani wákala udzam'gwira siku nyinji, ye mwenye akifungwa chumba-ni akiikwa-t'o na mikufu na p'ingu, hata akihotosa zho arizhofungwa akiingwa ni p'ep'o akihirikwa kut'u kusiko at'u.

30 Ye Jesu akim'uza, Dzina-ro ndiwe hani? Akimwamba, Dzina rangu ndimi Mudhia mino; kwa hviryat'u adzizhoangirwa ni p'ep'o anji.

31 Makim'dhedheja kwamba akatsaamulira kuuka kwenda kidzina-ni.

32 Rákala haho kundi ra nguluwe anji manarisa murima-ni: be makim'dhédheja kwamba aariche makangire mwao; akiaricha.

33 P'epo makim'ombola yuyat'u mut'u makiangira nguluwe. Rikidudum'ka ro kundi rikitserera ngoka-ni, richangira ziya-ni, makifwitika makifwà.

34 Hata o arisa manazhona virizhokala, makichimbira, machenda m'dzi-ni na minda-ni, kwenda sema uworo-we.

35 At'u makila' kudza lola virizhokala; hata manamk'wendera Jesu makim'ona yuyat'u mut'u madziyem'ombola o p'ep'o, yukelesi

kukaa nyumbani isipokuwa katika mazi-
ara.

28 Alipomuona Jesu, akapiga k'elele aka-
muangukia mbele yakwe, akasema kwa
sauti k'uu, Ninani nawe, Jesu mwana
wa Mngu Aliye-Juu-Sana? nakusihi usini-
tese.

29 Kwani alikuwa kumuamru p'epo mchafu
kumtoka mt'u, kwani siku nyingi alikuwa
amempagaa, akifungwa kifungoni akiwekwa
kwa mikufu na p'ingu; kisha alipovik'ata vile
alivyofungwa alikuwa akifukuzwa ni p'epo,
akipelekwa mwahali msimo wat'u.

30 Jesu akamuuliza, Jina lako n nani? Aka-
mwambia, Jina langu mimi ni Safu; kwa kuwa
amengiwa ni p'epo wangi.

31 Wakamsihi kwamba asiwaamru kuondoka
kwenda kinani.

32 Napo palikuwa na kundi la ngue wangi
walisha milimani: basi wakamsihi kwamba
awape ruhusa kuwangia wale. Akawapa
ruhusa.

33 P'epo wakamtoka yule mt'u wakawangia
ngue. Likafulia t'ini lile kundi katika ukungo
wa kilima, wakangia ziwani, wakapaliwa
roho.

34 Walisha walipoona mambo yale waliki-
mbia, wakenda hata mjini na viungani,
wakatoa habari.

35 Wat'u wakatoka kwenda kuangalia yali-
yotendeka, wakamwendea Jesu, wakamuona
yule mt'u aliyetokwa ni p'epo amek'eti magu-

magulu-ni hakwe Jesu, udzavwala mavwalo,
na urungo yuna-o; makihenda oga.

36 Arya at'u mariom'ona makiap'a uworo-we,
adzizhookolwa ye mwenye p'ep'o.

37 Na at'u osi marokala-ts'i za k'anda-
k'anda za Agerasi makim'hvoya kwamba auke
kwao, kwa kukala madzagwirwa ni oga unji, be
iye achangira mo chombo-ni, akiuya kwao.

38 Be yuyat'u mut'u mulume madziye-
m'ombola aryat'u p'ep'o akikala kumumala
kwamba akale hamwenga na-ye; ye akimwa-
mulira ende, akimwamba,

39 Uya kwako nyumba-ni, ukaonyese ni ma-
ut'u higo adzigokuhendera Mwenye-Mulungu.
Akiuka achenda, achenda onyesa at'u ts'i-irya-
t'u yosi, ni maut'u higo adzigom'hendera
Jesu.

40 Kuuya-kwe Jesu, na yo mitunganano ya
at'u makim'dhana, kwani mere makim'lolera
osini.

41 Na-we lola, unam'dzirira mut'u mulume
dzina-re uifwa Jaero, ambaye were mubomu
wa rigojo-ni mwao: hata akihom'gwerera
Jesu magulu-ni-he, akim'dhedheja aangire
mwakwe nyumba-ni;

42 kwa kukala yuna muhoho muche, mwa-
na-we hake-ye, rika-re here myaka kumi na
miiri, yunamala kufwa. Bai, achenda kuno
manamuminya-minya mutunganano wa at'u.

43 Na-ye po! mut'u-muche mumwenga a-

uni pakwe Jesu, amevaa nguo, na akili yunazo : wakafanya oga.

36 Wakenda wale waliomuona wakaweleza jinsi alivyopozwa yule aliyepagawa ni p'epo.

37 Basi jamii ya wat'u wa nt'i za k'ando-k'ando ya Wagerasi wakamuomba aondoke kwao, kwa kuwa walingiwa ni hofu nyingi : yeye akapanda chomboni, akarudi kwao.

38 Yule mt'u mume aliyetokwa ni p'epo akamtaka ruhusa akae nae. Akamwondoa akamwambia,

39 Rudi nyumbani kwako, ukahubiri yalivyo makubwa mambo uliyotendewa ni Mwenyiezi--Mngu. Akaondoka akenda, huku akihubiri katika mji mzima mambo yalivyo makubwa aliyotendewa ni Jesu.

40 Kurudi kwakwe Jesu wat'u walimpokea kwa furaha, kwani walikuwa wakimtezamia wat'u wot'e.

41 Nawe angalia, alijiliwa ni mt'u mmoja akiitwa Jaero, nae ni imamu wa msi-kiti wao ; akamwangukia Jesu katika maguu yakwe, akamtaka angie nyumbani kwakwe,

42 kwa kuwa yuna mtoto mwanamke, ni mwanawe pekee, myaka yakwe apata myaka kumi na miwili, nae yu katika kufa. Basi akenda, huku akisongwa ni wale mak'utano ya wat'u.

43 Na mwanamke mmoja atokwa ni damu

mbaye mwiri-we were kuombola milatso
hangu myaka kumi na miiri, ha*t*a udzagonya
vit'u-zhe zhosi na aganga, na k'apatire ku-
hozwa ni mut'u ng'o,

44 iye akim'dzirira nyuma-ze, akigut'a mitsa
ya nguwo-ye, haho hvivi ikiziika irya milatso-
-ye iriyok*a*la ikim'ombola.

45 Jesu akiamba, Ni hani adziyenigut'a ?
Be, at'u osi manakanaiza, ye Pe*t*ero na andzi-e
makimwamba, Hmwinyi, i mitunganano ma-
nakuminya, manakutsikitsa; hambe unan*e*na,
Ni hani adziyenigut'a !

46 Jesu akiamba, Mut'u udzanigut'a, k*w*ani
dzas*i*kira nguvu zidzanombola.

47 Ha*t*a yunadziona ye mut'u-muche kuk*a*la
k'afitsikire, achenda k*w*a kutetema, akigwerera
hak*w*e magulu-ni, akimung'aziza mbere za
at'u osi ni k*w*a ut'u wani adzizhom'gut'a, na
hviryat'u adzizhohola haho henye.

48 Akimwamba, Hewe mwana-muche, kulu-
hiro-ro ridzakokola : enda na udheri.

49 Yuchere kunena akidza mut'u unala' k*w*a
mubomu wa rigojo-ni, akiamba, Udzafwa kare
mwana-o ; utsam'sirinya Mufun*d*i.

50 Ye Jesu arihom's*i*kira akim'dzigidzya,
Utsaogoha, kuluhira *t*u', na-ye yundaokoka.

51 Achenda ko nyumba-ni asimuriche mut'u
akaangira hamwenga na-ye, masihok*a*la Pe*t*ero
na Johan'ne na babe yuya mwana-muche, na
mamiye.

52 Ha*t*a mana*t*inya kiriro osini na kum'ririra,

tangu myaka kumi na miwili, nae ame-
wat'apanyia waganga maisha yakwe yot'e, asi-
pate pozwa ni mt'u,

44 alimwendea kwa nyuma akagusa pindo
la nguo yakwe: mara ikatinda ile damu yakwe
iliyokuwa ikimtoka.

45 Jesu akasema, N nani aliyenigusa? Basi
wat'u wot'e walipokana, Petero na wenziwe
wakamwambia, Bwana mkubwa, haya maku-
t'ano yakusonga na kukusheta-sheta; mbona
nawe unasema, N nani aliyenigusa?

46 Jesu akasema, Pana mt'u amenigusa,
kwani nnajisikia hivi nimetokwa ni nguvu.

47 Alipojiona yule mwanamke kuwa hakufi-
tamana, alikwenda kwa kutetema akamwangu-
kia mbele yakwe, akamweleza mbele za wat'u
wot'e maana ya kumgusa kwakwe, na jinsi
alivyopoa mara.

48 Akamwambia, Ewe binti, imani yako
imekuokoa, enda na amani.

49 Yu katika kunena, akaja mt'u atoka kule
kwa imamu, akamwambia, Mwanayo amekufa,
usimsumbue mwalimu.

50 Jesu aliposikia yale, alimjibu, Usiogope,
amini tuu nae ataokoka.

51 Alipokwenda nyumbani, hakumuata mt'u
akangia pamoja nae isipokuwa Petero na
Johanne na Jakobo, na babae yule kijana, na
mamae.

52 Wat'u wot'e wakalia na kuombolea

akiambira, Mutsarira; k'afwere yuyu, urere
tu'

53 Makim'tsea kwa hviryahu mamumanya-
zho udzafwa.

54 Ye mwenye akialazha-ndze osini, akim'-
gwira mukono, akipiga lukululu, akimwamba,
Hewe muhoho, uka.

55 Roho-re rikim'uya, akiima haho henye;
akiamula ap'ewe chakurya.

56 Machangalala azhazi-e. Akiakahaza ma-
tsamwambira mut'u ut'u udziokala.

UKOMO WA CHENDA.

9. AKIATSUNGUMANYA arya at'u kumi na airi,
akiap'a nguvu na kanwa dzulu ya p'ep'o osi,
na kahi ya kuhoza makongo.

2 Akiahuma makawambirize ushaha wa Mu-
lungu na kuahoza akongo.

3 Akiambira, Mutsahala kit'u cha ngira-ni;
ndata hedu mikahe hedu p'esa, na mutsahenda
k'andzu mbiri-mbiri.

4 Na kila nyumba yosi mundiyoangira, ka-
lani mumo muuke mumo.

5 Na kila at'u osi masiomwangiza mwao,
haho mundihouka mwao mudzi-ni kut'ani hata
ro bunga-bunga ra mitsanga, riro magulu-ni
mwenu, vikale uzhodherwa dzulu yao.

6 Makiuka, machenda makidengereka vidzi-
dzi-vidzidzi, makiambiriza uworo-wa-t'o na
kuhoza akongo.

G.   46

kwakwe; yeye akawambia, Msilieni, hakufa huyu, amelala *t*uu.

53 Wakamfanyia *dh*ihaka, kwa kumjua kuwa amekufa.

54 Mwenyewe akawa*t*oa wot'e, akamshika mkono wakwe, akapiga ukelele, akasema, Kijana, ondoka.

55 Roho yakwe ikamrejea, akasimama mara; akaamru apawe chakula.

56 Waka*t*aajabu wale wazee wakwe wawili, akawaonya wasimwambie mt'u jambo lililokuwa.

MLANGO WA KENDA.

9. Akawak'utanisha wale wat'u kumi na wawili akawapa nguvu na hukumu juu ya p'epo wot'e na katika kupoza mara*dh*i.

2 Akawatuma kwenda kuhubiri ufaume wa Mngu na kupoza wagonjwa.

3 Akawambia, Msitwae k'itu cha safarini, bak'ora, wala mkoba wala mikate, wala pesa; wala msifanye k'anzu mbili-mbili.

4 Na nyumba m*t*akayongia yot'e kaani humo m*t*oke mumo.

5 Nao wasiowakaribisha wawao wot'e, m*t*okapo katika mji huo pukusani ha*t*a m*t*anga wa maguuni mwenu uwe ushuhu*d*a juu yao.

6 Wakaondoka, wakenda waka*t*embea vijiji--vijiji kwa kuhubiri injili na kupoza wat'u, p'ande zot'e.

7 Be unasikira shaha Herode uworo-we ma-
ut'u garyahu gosi : gakimwangalaza go gari-
gonenwa ni at'u angine, dza kwamba, Johan'ne
udzafufuka mwa afu,

8 na angine, kwamba, Udzaombola Elija, na
angine, kwamba, O ambirizi a kare udzafufuka
mumwenga-waho.

9 Na-ye Herode akiamba, Johan'ne námu-
tosa kitswa, ela kidza ni hani yuyu nisikiraye
kwakwe maut'u dza gaga ? akimala kum'ona.

10 Hata o ahumwi manauya makim'onyesa
ni maut'u gani madzigohenda. Akiahala a-
chenda na-o kinjama, achenda mudzi mumwe-
nga uifwao Betesaida.

11 Be yo mitunganano makihomumanya ari-
ko makim'tuwira. Akiahokera-t'o, akikala
kuasumurira maut'u ga ushaha wa Mulungu,
akiahoza marokala na ut'u wa kuzikifwa.

12 Hata dzua ra lwa-dzulo rinafika ma-
kim'kwendera o kumi na airi, makimwamba,
Ufumule mutunganano, at'u ni mauke mende
vidzidzi zha k'anda-k'anda na minda ya at'u
makamale makalo makavumbule zhakurya,
kwani haha huriho ni weru-ni, k'ahana at'u.

13 Akiamba, Ap'eni ninwi chakurya. Ma-
kimwamba, k'ahuna kit'u isihokala mikahe
mitsano na makumba meri, husihokwenda
enye hukaagulire zhakurya enye-mudzi
osi aa.

14 Kwani marokala-ho at'u alume manapata

G.
47

7 Mfaume Herode akasikia habari ya mambo
yale yot'e ; akasangaa kwa yale yaliyosemwa
ni wat'u wengine, kana kwamba Johanne
ame fufuka katika wafu.

8 na wengine, kwamba, Ametokea Elija : na
wengine kwamba, Manabii wa kale amefufuka
mmoja-wapo.

9 Herode akasema, Johanne nalimk'ata ki-
twa, lakini n nani huyu nisikiae mambo kama
haya kwakwe ? akatafuta ndia ya kuonana nae.

10 Wakarudi wale mitume wakamweleza ni
mambo gani waliyoyafanya. Akawatwaa ake-
nda nao faragha kwenda mji mmoja uitwao
jina lakwe Bethsaida.

11 Wale mak'utano walipojua wakamuanda-
mia kuko. Akawapokea, akawa kuwasumulia
habari za ufaume wa Mngu, na kuwapoza wa-
liokuwa na haja ya kuaguliwa.

12 Basi jua lilianza kupinduka, wakamwe-
ndea wale kumi na wawili wakamwambia,
Ufumue mk'utano, wat'u na wende zao vijiji
vya k'ando-k'ando na mashamba, wakatafute
malazi wakazumbue na vyakula, kwani hapa
tulipo ni nyika, hapana wat'u.

13 Akawambia, Wapeni nywinywi chakula.
Wakasema, Hatuna k'itu swiswi zaidi ya mi-
kate mitano na samaki wawili, isipokuwa tuta-
kwenda wenyewe tukawanunulie chakula jamii
ya wenyeji hawa.

14 Kwani waliokuwapo wat'u waume wapata

S.   47

magana-kumi matsano. Akiamba, Aikeni kwa vikalo makelesi, kikalo at'u makumi matsano, kikalo at'u makumi matsano.

15 Makihenda hvizho, makiaika osi piya, makikelesi.

16 Hata unahala yo mikahe mitsano na makumba mairi, akiholola dzulu mulungu-ni akivihadza-t'o, akivimogola, akiap'a o afundwi-e maugazhizhe mutunganano:

17 Makirya osini machakuha : gakiuswa masaza ga vigande-vigande makaha kumi na meri.

18 Kwákala makati arihokala kuhasa hake-ye, na o afundwi-e ma haho hamwenga na-ye, akiauza, kwamba, Yo mitunganano mananena ndimi hani ?

19 Makim'dzigidzya, makimwamba, Mutobyi Johan'ne ; na angine, Elija ; na angine kwamba, Udzafufuka mumwenga-waho kahi ya ambirizi a kare.

20 Akiambira, Na-nwi munanena ndimi hani ? Ye Petero akim'dzigidzya, akimwamba, Ndiwe Masiha wa Mulungu.

21 Akiakaziza, akiakahaza matsamwambira mut'u ut'u uu,

22 akiamba kwamba, Uagirwe mwana wa mudamu ni kuona vii zhomu, na kukanaizwa ni azhere na alombi-abomu, na afundi, na kwalagwa, na kufufuka siku ya hahu.

23 Akiambira osi kwamba, Mut'u andihomala kunituwa, ni adzikahale m'oyo-we, atsu-

hamsatalafu. Akawambia wanafunzi wakwe, Wawekeni kwa vikao wak'eti, kikao wat'u hamsini, kikao wat'u hamsini.

15 Wakafanya vivyo, wakawaweka wot'e, wakak'eti.

16 Akatwaa ile mikate mitano na wale samaki wawili, akiangalia juu mbinguni akavibarikia, kisha akavimenya-menya, akawa kuwapa wanafunzi wakwe waugawanyie mk'utano.

17 Wat'u wakala wakashiba wot'e: yakaondolewa makombo katika vyakula vilivyomenywa vikapu kumi na viwili.

18 Hata zamani moja alipokuwa yeye akiabudu faragha, wanafunzi wakwe nao wali papo pamoja nae, alikuwa yeye kuwauliza, Hao mak'utano wanisema kuwa n nani mimi?

19 Wakamwambia, Mzamishi Johanne, na wengine Elija, na wengine kwamba, Amefufuka mmoja-wapo katika manabii wa kale.

20 Akawambia, Nanywi mwanita nani? Petero akajibu akamwambia. U Masiha wa Mngu.

21 Akawasisitiza, akawaamru neno hili kutomwambia mt'u;

22 akiwambia kwamba, Imempasa mwana wa mt'u kupatikana na mambo mangi, na kukanwa ni wazee na makuhani wakuu na wana-wa-vyuoni, na kuuawa, na kufufuka siku ya tatu.

23 Akawambia wot'e kwamba, Mt'u atakapo kunifuata, najikanye nafusi yakwe,

kule muhi-we wa kukinganywa siku zosi, adze anituwe.

24 Kwani andiyemala kuokola roho-re yundariangamiza, na andiyeriangamiza roho-re kwa ut'u wangu, iye yundariokola.

25 Kwani idzam'fwaha-ni mut'u angahopata fwaida urumwengu wosi akikala udzadzangamiza mwenye, hedu udzalazhwa kosa m'oyo-we.

26 Kwani mut'u andiyegwirwa ni haya kwa ut'u wangu hedu maneno gangu, na-ye mwana wa mudamu yundagwirwa ni haya kwakwe andihokudza kahi ya nguma-ye mwenye, na yo ya baba-ye na ya malaika aēri.

27 Bai, namwamba jeri: Hat'u hao ano maimireo haha, angine k'amandatata kifwa, masihoona kwandza ushaha wa Mulungu.

28 Hata nyuma za maneno gaga here siku nane, yákala iye kum'hala Petero, na Johan'ne na Jakobo, akikwera murima-ni kwenda hvoya Mwenye-Mulungu.

29 Hata yunahvoya hvivi kukim'galuka kuumbwa kwa uso-we, mavwalo-ge gakimeta--meta tse-tse-tse,

30 Haho po! ana-alume at'u airi manasumurira na-ye: ndo Mose na Elija.

31 Makionekana ao na nguma, mananena uworo wa kuuka-kwe andikotimiza ko Jerusalem'.

32 Ye Petero na andzi-e macheremerwa ni usindzizi; be manalangaza matso hvivi maki-

atukue na msalaba wakwe *d*aima, aje ania-
n*d*amie.

24 Kwani a*t*akae*t*aka kuponya roho ya-
kwe a*t*aiangamiza, nae a*t*akaeiangamiza roho
yakwe kwa ajili yangu ndiye a*t*akaeiokoa.

25 Kwani imemfaani mt'u ha*t*a akipata fai*d*a
ulimwengu mzima kisha akajiangamiza au aka-
fanya hasara ya nafusi yakwe?

26 Kwani killa a*t*akaeona haya kwangu mi-
mi au kwa maneno yangu, nae mwana wa mt'u
a*t*aona haya kwakwe a*t*akapokuja katika
u*t*ukufu wakwe na wa babae na malaika
watakatifu.

27 Basi nawambia kweli: Katika hawa wa-
liosimama hapa wengine hawa*t*aon*d*a kifo,
illa waone kwanza ufaume wa Mngu.

28 Ha*t*a baa*d*a ya maneno haya kama siku
nane, ilikuwa yeye kumtwaa Pe*t*ero na Jo-
hanne na Jakobo, akakwea mlimani kwenda
kuomba Mngu.

29 Na katika kuomba kwakwe ilikuwa ku-
mgeuka sura za uso wakwe, mavao yakwe ya-
kawa meupe yakameta-meta.

30 Nao hao ndio, wat'u wawili wanawau-
me wasema nae, nao ni Mose na Elija.

31 Wakaonekana hao wa katika u*t*ukufu, wa-
sumulia mambo ya kufariki kwakwe a*t*akayo-
*t*imiza Jerusalem.

32 Na Pe*t*ero na wenziwe walikuwa wamele-
mewa ni usingizi; wakaangaza ma*t*o, ndipo

ona nguma-ye, na o at'u-alume airi maimireo na-ye.

33 Hata ao manamuukira hvivi wákala Petero kumwambira Jesu, Hewe Hmwinyi, ndo vidzo hudzizhokala haha sino: be ni huhende vigojo viiri: kimwenga-che kikale chako, na kimwenga cha Mose, na kimwenga cha Elija: na-ye were k'amanya anenago.

34 Hata unanena hvivi kukifunga ingu, rikiaenera kivuri-vuri, be makiogoha ho marihoangira ingu-ni.

35 Mukila' mumiro mo ingu-ni, akiamba kwamba, Yuno nde mwanangu m'tsagulwi wangu: musirikizeni.

36 Hata ukihokala mumiro akioneka Jesu hake-ye. O makiganyamala mya', matsamwamba mut'u ng'o' siku ziryat'u hat'u ha marigoona gosi.

37 Kwákala siku ya hiri manataramuka murima-ni, at'u makidza m'dhana ritunganano ribomu.

38 Na mut'u mulume mumwenga po! unapiga yowe kahi ya mutunganano, akiamba, Hewe Mufundi, nakuhvoya um'lole yuyu mwanangu mulume: kwa kukala ni mwanangu hache-ye.

39 Na-ye, yuno ndeye, ugwirwa ni p'ep'o, haho akikaya, yunam'tsanga-tsanga hamwenga na kuombola fulo; na k'am'richa isihokala kwa uchache-uchache, yunam'tsikitsa hvivi.

wakaona utukufu wakwe, na wale wanawaume wawili waliosimama nae.

33 Nao walipokuwa katika kumuondokea, ilikuwa Petero kumwambia Jesu, Bwana mkubwa, ndivyo vyema hivyo tulivyokuwapo hapa swiswi; basi na tufanye vibanda vitatu: kimoja chako wewe, na kimoja cha Mose, na kimoja cha Elija: nae hajui anenayo.

34 Kusema kwakwe haya kulifunga wingu, likawafinika uvuli; basi wakaogopa pale walipongia katika wingu.

35 Ikatoka sauti mle katika wingu, ikasema, Huyu ndiye mwanangu mteule wangu; msikizeni.

36 Ilipokuwa ile sauti, akaonekana Jesu peke yakwe. Wao wakinyamaa, wasimwambie mt'u wakati ule katika waliyoyaona lo lot'e.

37 Hata kwa siku ya pili yakwe, waliposhuka mlimani, ilikuwa kutokewa yeye ni mk'utano mkuu.

38 Nawe tezama, alipiga k'elele mt'u mmoja mwanamume ali mle mk'utanoni, akasema, Mwalimu, nakuomba umuangalie mwanangu: kwa kuwa yeye ni mwanangu pekee;

39 nae huyo ndiye p'epo humpagaa, nae yuatoa sauti mara, akimpasua, huku akitokwa ni p'ovu, wala hamuati illa kwa shida, yuamsheta--sheta.

40 Be, nikiadhedheja afundwi-o kwamba ma-m'omboze, matsadima kum'omboza.

41 Jesu akiaudzya akiámba, He-nwi kizhalo kisicho kuluhiro kirichohohoka, mimi nikale kwenu nimuvumirire hata rini? Kam'hale mwana-o udze na-ye haha.

42 Hata unam'dzirira hvivi, p'ep'o akim'ta-rura akim'tsanga-tsanga. Jesu akim'kanya ye p'ep'o mukolo, akim'hoza muhoho, akim'p'a baba-ye.

43 Machangalala osi kwa ubomu-we Mwe-nye-Mulungu.

Be marihokala at'u osi kumaka kwa maut'u gosi arigohenda, ye akiambira afu-ndwi-e:

44 Maneno gaga gaikeni masikiro-ni mwenu, kwani mwana wa mudamu yunenda angizwa kahi ya mikono ya at'u.

45 O makikala k'amamanya ut'u-we neno riri, ela máfitswa, p'ore gakaang'arira. Maki-ogoha kum'uza ut'u-we neno riri.

46 Kukiombola maheho kahi yao: ni hani ariye mubomu.

47 Hata ye Jesu unagaona maheho ga myoyo--ni mwao, akim'hala muhoho mutite akamwi-nya k'anda-ye,

48 akiambira, Mut'u wosi andiyem'hokera muhoho yuyu kwa dzina rangu, unihokera mimi; na andiyenihokera mimi, um'hokera ari-

40 Hawasihi wanafunzi wako wamchomoe;
wasiweze.

41 Jesu akajibu akawambia, Enywi kizazi
kisicho imani kilichopotoka, niwe kwenu mimi
nitukuane nanywi hata lini? kamtwae mwa-
nayo uje nae hapa.

42 Yu katika kumwendea, p'epo akamra-
rua, akampasua-pasua. Jesu akamkanya
yule p'epo najisi, akampoza mtoto, akampa
babae.

43 Wakapigwa ni bumbuazi wot'e kwa uku-
bwa wakwe Mwenyiezi-Mngu.

Walipokuwa wat'u wot'e kutaajabu kwa
mambo yot'e aliyofanya, Jesu aliwambia wa-
nafunzi wakwe:

44 Maneno haya yawekeni masikioni mwenu,
kwani mwana wa mt'u yuenda kutiwa katika
mikono ya wat'u.

45 Basi walikuwa hawajui maana yakwe
neno hili, likafitamana nao wasipate lifahamu.
Wakaogopa kumuuliza maana yakwe neno
hili.

46 Kukaondoka mashindano kati yao: n
nani aliye mkubwa.

47 Nae Jesu, alipoyaona mashindano ya myo-
yoni mwao, alimtwaa kijana kidogo akamsi-
mamisha k'ando yakwe,

48 akawambia, Atakae kipokea kitoto hiki
kwa jina langu hunipokea mimi, awae yot'e;
na atakaenipokea mimi humpokea aliyenituma.

yenihuma : kwani ariye mutite-mutite mwenu nyosini, ndeye ariye m'bomu.

49 Johan'ne akidzigidzya akimwamba, Hewe Hmwinyi, hudzam'ona mut'u unaomboza p'ep'o na dzina-ro : hukimala kum'kahaza sino, kwa kukala k'ahutuwa.

50 Jesu akimwamba, Mutsam'kahaza : kwani mut'u asekala dzulu yenu, ukala luhande lwenu.

51 Hata unafisha siku za kuanulwa-kwe, ya mwenye akikaza uso kumala kwenda Jerusalem';

52 akihirika ahumwa mende mbere za uso--we. Machenda machangira kidzidzi cha Asamaria kwenda m'hendera-t'o hat'u :

53 matsahendza kum'ika o enye-mudzi, kwa hviryat'u urizhokala uso-we dza wa mut'u andiyekwenda Jerusalem'.

54 Hata o afundwi-e, Jakobo na Johan'ne, manaona ut'u uu, makimwamba, Bwana, unamala kwamba huambire m'oho ulae mulungu--ni utserere-ts'i uause here hviryahu zha Elija?

55 Akigaluka, akiakanya ; akiamba, Roho muriro na-ro k'amurimanya ririzho :

56 kwani mwana wa mudamu k'adzire kwa kuangamiza myoyo ya at'u, ela udzire kuaokola. Machenda kidzidzi kingine.

57 Bai kwákala manenda ngira-ni hvivi, mut'u mumwenga akimwamba, Nindakutuwa undikokwenda kosi :

Kwani aliye mdogo kati yenu nyot'e, huyu ndiye aliye mkubwa.

49 Johanne akajibu akamwambia, Bwana mkubwa, twalimuona mt'u achomoae p'epo kwa jina lako: tukataka kumkataza, kwa kuwa hafuatani na swiswi.

50 Jesu akamwambia, Msimkataze: kwani asiyekuwa juu yenu, yu upande wenu.

51 Hata zilipotaka kutimia zamani za kukwezwa kwakwe, mwenyewe alikaza uso kutaka kwenda Jerusalem;

52 akatuma wajumbe wende mbele ya uso wakwe. Wakenda wakangia katika kijiji cha Wasamaria illi kumtengezea pahali:

53 wenyewe wasimkaribishe kwa vile alivyolekeza uso wakwe kama atakae kwenda Jerusalem.

54 Basi wanafunzi wakwe Jakobo na Johanne walipoona neno lile, walisema, Bwana, wataka tuambie moto ushuke mbinguni uwaondoe, mfano vile alivyofanya Elia?

55 Akawalekeza akawakanya, akawambia, Roho mliyo nayo hamuijui ilivyo:

56 kwani hakuja mwana wa mt'u kwa kuangamiza maisha ya wat'u, illa kuyaponya. Wakenda kijiji kingine.

57 Basi ilikuwa wao wakenenda ndiani hivi, mt'u mmoja akamwambia, Nitakufuata killa utakakokwenda.

58 Jesu na kumwamba, Mbawa mana p'anga, ts'ongo mana vitsungi, ela mwana wa mudamu k'ana ha kudzilaza kitswa-che.

59 Akimwamba mungine, Nituwa. Akiamba, Bwana, niamulira kwandza niuke nende nika-m'zike baba.

60 Akimwamba, Ariche o marofwa ni mazike madzofwererwa enye: enda uwe ukawambirize ushaha wa Mulungu.

61 Na mungine akimwamba, Bwana, ninda-kutuwa mino: ela kwandza niamulira nika-aláge at'u a nyumba-ni mwangu.

62 Jesu akimwamba, Mut'u wosi adziyehirika mukono rijembe ra ng'ombe, akalola nyuma, k'afwaha na ushaha wa Mulungu.

UKOMO WA KUMI.

10. KIDZA nyuma za gaga Bwana akiika na angine at'u makumi-mafungahe, akiahuma airi-airi, mamtongodhye mbere-ze mende kíla mudzi na hat'u andihokwenda mwenye.

2 Akiamba, Mavuno ni mabomu, ela o ahe-nda-kazi ndo achache: bai mumaleni ye Bwa-na wa mavuno kwamba alazhe ahenda-kazi akaangize kahi ya mavuno-ge.

3 Endani nwi! lolani namuhuma mwenende here dza ana a ng'ondzi kahi-kahi ya mbawa.

4 Mutsatsukula kafuko hedu kakuchi, hedu virahu, kaheri mutsam'lamusa mut'u ngira-ni.

G.

58 Jesu akamwambia, Mbweha wana p'ango, na nyuni wa angani wana t'undu, lakini mwana wa mt'u hana pa kujilaza kitwa chakwe.

59 Akamwambia mngine, Nifuata. Akasema, Bwana, nipa ruhusa kwanza niondoke nende nikamzike babaangu.

60 Akamwambia, Waate maiti wazikane na maiti : enenda wewe kahubiri ufaume wa Mngu.

61 Na mngine akamwambia, Bwana, t'akufuata : lakini kwanza nipa ruhusa hawaage wat'u wa nyumbani kwangu.

62 Jesu akamwambia, Mt'u aliyepeleka mkono katika jembe la ng'ombe kisha akaangalia nyuma, hafai na ufaume wa Mngu, awae yot'e.

MLANGO WA KUMI.

10. Kisha baada ya haya Bwana aliweka na wengine, wat'u sabuini, akawatuma wawili wawili wamtangulie mbele, wende killa mji na killa pahali alipotaka kwenda mwenyewe.

2 Akawambia, Mavuno ni makubwa, lakini wafanyaji wa kazi ndio wachache, basi mtakeni yeye Bwana wa mavuno atoe wafanyaji wa kazi awatie katika mavuno yakwe.

3 Endani nywi! angaliani nawatuma hali ya wana wa k'ondoo katikati ya m'bwa-mwitu.

4 Msitukue mfuko wala mkoba, wala viatu, wala msimwamkue mt'u ndiani.

5 Na kila nyumba mundiyofikira, yambeni kwandza, Na ikale dheri dzulu ya nyumba ii.

6 Be ye mwana wa dheri akikala yumo, yo dheri yenu indam'kalira dzulu-ye, na akikala k'amo, indamuuyira dzulu yenu.

7 Be, kalani nyumba iyo mwenga, murye munwe marizho na-zho o enye: kwani mu-henda-kazi uagirwe ni kupata fungu-re. Mu-tsatanga-tanga mukiuka nyumba ii muchenda nyumba ii.

8 Na kila mudzi wosi mundioangira maki-kala kum'tsangira, ryani mundizhoombozezwa;

9 na-nwi ahozeni akongo maro mumo, mua-ambire kwamba, Udzakala hehi ushaha wa Mulungu.

10 Na kila mudzi mundioangira makatsam'-tsangira, ukani mo ndani mwende kahi ya mihala-ye mudzi uryat'u, munene:

11 Hata rino bunga-bunga ra mitsanga rila'o mudzi-ni mwenu udziohujeneza magulu, hu-namuhangusiza dzulu yenu: ela manyani tu' kwamba udzakala hehi ushaha wa Mulungu.

12 Namwamba kwamba kahi ya siku irya hviryat'u zha Sodom' vindakala baha kukira zha mudzi urya.

13 Ore-o, Korazin'; ore-o, Betesaida; kwani yo minguvu idziyokala mwenu kala yere kahi ya Turo na Sidoni, mangere madzadzyuta kare hamwenga na kukelesi kahi ya videmu vii-vii na maivu.

14 Ela vindakala zhangwangu malamuli-ni zha Turo na Sidoni kukira zhenu ninwi.

5 Na killa nyumba mtakayofikilia, iambieni kwanza, Na iwe amani juu ya nyumba hii:

6 nae akiwa yumo mwana wa amani, amani yenu itamkalia juu yakwe, na akiwa hamo, itawarejea juu yenu.

7 Basi kaani nyumba ile ile, mkila mkinwa walivyo navyo wenyewe, kwani mfanyaji wa kazi amesitahili na ujira wakwe. Msitange--tange kuondoka nyumba hii kwenda nyumba hii.

8 Na killa mji mtakaongia, wakiwakaribisha, vyakula msongezewavyo lani vivyo;

9 wapozeni na wagonjwa waliomo, mu-wambie, Umewakaribia ufaume wa Mngu.

10 Na killa mji mtakaongia, ikiwa hawawa-karibishi, tokani ndani yakwe mupite katika mawanda yakwe museme:

11 Hata huo mtanga utokao katika mji wenu, uliotugandama katika maguu yetu, twawafutia juu yenu: lakini juani kwamba ufaume wa Mngu umekaribia.

12 Nawambia, kwamba katika siku ile itahi-mili Sodom zaidi ya mji ule.

13 Ole wako, Korazin, ole wako, Bethisaida; kwani hiyo minguvu iliyokuwa mwenu kwa-mba ilikuwa Turo na Sidon wangekwisha tubu zamani, huku wakik'eti katika magunia na maivu.

14 Lakini vitahimili Turo na Sidon katika hukumu zaidi ya nywinywi.

15 Na-we Kaperinaum', udzaanuka kufika hata mulungu-ni, undakutserezwa hata kuzimu.

16 Mut'u am'sirikizaye ninwi unisirikiza mimi, na amukahalaye ninwi unikahala mimi; be anikahalaye mimi um'kahala ariyenihuma.

17 Hata o at'u makumi-mafungahe mana-uya makifwahirwa, makimwamba, Bwana, hata p'ep'o madzaikwa ts'i-ni yehu kahi ya dzina-ro.

18 Ye akiambira, Nere nikim'lola Shetani here lumete akigwa mulungu-ni.

19 Lolani bai, dzamup'a wadimi wa kuzhoga dzulu ya nyoka na mahambini, na nguvu-ze zosi yuyat'u m'maidha, na k'ahana ut'u undi-omulumiza hat-ta!

20 Hamwenga na gaga m'tsafwahirwa kwa hviryat'u mudzizhoikirwa maroho ts'i-ni yenu; ela baha fwahirwani kwa hvirya mudzizhoorwa madzina genu mulungu-ni.

21 Murongo uryat'u Jesu wáona-t'o kwa Roho ra Kutsuka, akiamba, Nina m'vera na-we, Baba, Bwana wa dzulu na-ts'i, kwa hvizho udzizhoafitsa at'u alachu na urungo maut'u gaga, ukaagunulira ahoho atsanga: be ndo vidzo, Baba! kwa kukala ndozho vidzizhooneka-t'o mbere-zo.

22 Nidzap'ewa maut'u gosi ni Baba, kaheri k'ahana amumanyaye Mwana ni hani asihokala iye Baba, hedu k'ahana amumanyaye Baba, asihokala Mwana, na mut'u andiyegunulirwa ni Mwana.

15 Nawe Kaperinaum uliyekwenda juu kufikilia mbinguni, utakwenda shushwa hata kuzimu.

16 Awasikiae nywinywi yuanisikia mimi, na awakataae nywinywi yuanikataa mimi, nae yule anikataae mimi, yuamkataa yule aliyenituma.

17 Wakarudi wale wat'u sabuini kwa kufurahi, wakasema, Bwana, hata p'epo wamewekwa t'ini yetu kwa jina lako.

18 Akawambia, Nalikuwa kumuona Shetani yuaanguka mbinguni kama umeme.

19 Angaliani, nimewapa uwezo wa kukanyaga juu ya nyoka na ng'ge, na nguvu zot'e za adui, wala hamtapatikana n neno la madhara lo lot'e.

20 Pamoja na haya msifurahi kwa hivyo mlivyowekewa maroho t'ini yenu; illa afudhali mufurahi kwa kuwa yameandikwa majina yenu mbinguni.

21 Wakati ule-ule Jesu akaona nderemo kwa Roho Mtakatifu, akasema, Nakwambia ahasanta Baba, Bwana wa mbingu na nt'i, kwa kuwa umewafita wat'u werevu na akili mambo haya, umevifunulia vitoto vichanga: naam Baba! kwa kuwa ndivyo ilivyopendekeza kwako.

22 Nimetakabadhishwa mambo yot'e ni Babaangu, wala hapana amjuae Mwana n nani asipokuwa Baba, wala amjuae Baba, asipokuwa Mwana na mt'u atakaefunuliwa ni Bwana.

23 Akigaluka akierekeza o afundwi-e, aki-amba kinjama, Baha ao enye matso ga kugaona gaga muonago ninwi !

24 Kwani namwamba kwamba gaga muga-onago ninwi ashaha anji na ambirizi madza-mala kugaona, na k'amaonere : na kugasikira gaga musikirago, na k'amasikire.

25 Na-ye po ! wimire haho mut'u m'siku mufundi wa uagirwi, akimujeza ; akimwamba, Mufundi, nihende-ni mino hata nisirwe uno uzima wa kare na kare ?

26 Akimwamba, Vidzaorẁa-dze kahi ya ua-girwi ? unashoma-dze ?

27 Akidzigidzya akimwamba, Muhendze Bwa-na Mulungu-o kwa m'oyo-o wosi, na roho-ro rosi, na nguvu-zo zosi, na maazo-go gosi : na mwandzi-o here m'oyo-o.

28 Akimwambia, Udzadzigidzya jeri ; henda hvivi, na-we undakala m'zima.

29 Akimala ye mut'u kudzip'a ujeri, akim'-uza Jesu, Ye mwandzangu ndeye hani ?

30 Ye Jesu akidzigidzya akiamba, Wátara-muka nganya m'siku ula' Jerusalem' yunenda Jeriko, achenda-gwa kahi ya ahoki, makim'-vula nguwo na kum'ongeza mapigo, hata ma-nahauka makim'richa madzasaza kumwalaga.

31 Be yákala mulombi nganya kutaramuka na ngira iryat'u, hata unam'lola hvivi akikira k'anda.

32 Haho po ! Mlawi m'siku na-ye yunenda here hviryat'u, akim'lola akikira k'anda.

G.

23 Akageuka akawalekeza wanafunzi wakwe, akawambia faragha, Raha ndao wenyi mato ya kuyaona hayo muonayo nywinywi,

24 kwani hayo muyaonayo nywinywi nawambia kwamba wafaume wangi na manabii wametamani kuyaona, wasiyaone: nayo muyasikiayo wametamani kuyasikia, wasiyasikie.

25 Nawe angalia, aliondoka mwalimu mmoja wa torati, akimuonda: akasema, Mwalimu nifanyeje nikaurithi uzima wa milele?

26 Akamwambia, Imeandikwaje katika torati? wasomaje?

27 Akajibu, akamwambia, Mpende Bwana Mngu wako kwa moyo wako wot'e, na roho yako yot'e, na nguvu zako zot'e, na nia yako yot'e: na mwenzio kama nafusi yako.

28 Akamwambia, Umejibu haki: fanya haya, nawe utaishi.

29 Nae akitaka kujipa haki, akamwambia Jesu, N nani basi mwenzangu?

30 Jesu akajibu, akamwambia, Mt'u mmoja aliondoka Jerusalem akateremka kwenda Jeriko, akaangukia kati ya wevi, wakamvua nguo wakamtia na mapigo, hata walipoondoka walimuata amesaza kufa.

31 Ilitukia hivi na kuhani mmoja kutaramkia ndia ile, alipomuona akapitia k'ando.

32 Akatokea na Mlawi vivyo akenda pale--pale, alipomuona akapitia k'ando.

33 *E*la M'samaria nganya una*t*uwa ngira hvivi, akim'k*w*endera, ha*t*a unam'lola hvivi akim'onera mbazi,

34 akim'sengerera kehi, akim'funga maranga--ge haho akigaangiza mafuha na uchi; ha*t*a arihom'ika dzulu ya nyama-ye mwenye achenda na-ye ha*t*a dahu ra ajeni, akim'-tsundza.

35 Ha*t*a s*i*ku ya hiri akilazha visiku viiri zha fwedha akimup'a yuya mwenye dahu ra ajeni, akimwamba, Mutsundze-t'o, na undiho-lazha kit'u cha kukira, haho nindihouya ni-ndakudza nikurihe.

36 Ehe, kahi ya at'u ahahu ano, ni hiye um'-onaye kuk*a*la were mwandzi-we ye mut'u ari-yeg*w*a kahi ya ahoki?

37 Akiamba, Ni yuno ariyem'onera mbazi. Jesu akimwamba, Na-we enda ukahende hvi-zho.

38 Bai ao manenda hvivi ye mwenye acha-ngira kahi ya kadzidzi kasiku. Na mwana--muche mumwenga dzina-re uifwa Mari*t*a akimwangiza mwak*w*e nyumbani.

39 Na-ye were na nd*u*gu-ye muche, uifwa Maria; be were iye akikelesi magulu-ni hak*w*e Jesu, unam's*i*rikiza maneno-ge.

40 Ye Mari*t*a akik*a*la unakonywa na uhumiki unji: akiima' akiamba, Bwana k'uona vii nidzizhorichwa ni nd*u*gu-yangu hvino nika-humika hakiyangu? Be mwambire k*w*amba aniavwize.

33 Basi na Msamaria mmoja aliyekuwa aki-safiri alimwendea kwakwe, alipomuona aka-ngiwa ni huruma;

34 akasongea karibu, akamganga majaraha yakwe akiyatia mafuta na mvinyu; akampa-ndisha juu ya nyama wakwe yeye, akenda nae akampeleka katika nyumba ya wageni, akamteremea.

35 Hata kwa siku ya pili akatoa dinari mbili akampa yule mwenyi nyumba ya wageni, akamwambia, Mtunze vyema, na ufanyapo gharama zaidi t'akuja kukulipa nitaka-porejea.

36 Ehe, katika wat'u watatu hawa, ni yupi umuonae kwamba alikuwa mwenziwe yule ali-yeangukia kati ya wevi ?

37 Akamwambia, Ni yule aliyemuonea huru-ma. Jesu akamwambia, Enda nawe ukafanye vivyo.

38 Basi wao wakenenda hivi mwenyewe ali-ngia katika kijiji kimoja. Mwanamke mmoja jina lakwe akiitwa Maritha akamkaribisha nyumbani kwakwe.

39 Nae alikuwa na umbulakwe akiitwa Ma-ria, akak'eti huyo maguuni pakwe Jesu, aki-msikiza maneno yakwe.

40 Yule Maritha akataabika kwa utumishi mwingi; akasimama akasema, Bwana, huoni vibaya hivi alivyoniata nduguyangu hatu-mike peke yangu ? Mwambie anisaidie basi.

41 Bwana akidzigidzya akimwamba, Hewe Marita, Marita, unasirinywa na kuangalazwa na maut'u manji:

42 ela uagirweo ni ut'u umwenga: na yu Maria udzatsagula fungu ridzo rambaro k'andausizwa.

UKOMO WA KUMI NA MWENGA.

11. NA-YE arihokala akihvoya Mulungu hat'u hasiku kwákala mumwenga-waho kahi ya afundwi-e kumwamba, Bwana, hufundye na-swi kuhvoya Mulungu, here hviryat'u Johan'ne arizhoafundya afundwi-e.

2 Akiamba, Mundihohvoya Mulungu, nenani, Baba, dzina-ro ni ritsuke, ushaha-o ni udze, uhendzago uwe here zho gakalazho mulungu-ni ni gakale na haha dzulu ya-ts'i.

3 Kila siku yosi hup'e chakurya chehu cha kuhuwaiza.

4 Na-we hurichire makosa gehu, here zho siswi hudzizhom'richira kila mut'u wosi humwisaye: na-we utsahuhirika kahi ya kujezwa, ela fwokole na ye mui.

5 Akiauza, Kuna mut'u wani kwenu andiyekala na m'sena-we, akim'kwendera usiku wa manane, akimwamba, Msenangu, niahasa vinolo vihahu,

6 kwa kukala udzire msenangu udzafikira kwangu kulaa charo-ni, na-mi sina cha kum'-ombozeza.

41 Bwana akajibu, akamwambia, Maritha, Maritha, waudhika na kusumbuka kwa mambo mangi:

42 lakini lihitajiwalo n neno moja: nae Maria ametagua fungu lililo jema ambalo hatanyang'anywa.

MLANGO WA KUMI NA MOJA.

11. Nae alipokuwa akiomba Mngu pahali kadhawakadha hata alipokwisha, mmoja katika wanafunzi wakwe alikuwa kumwambia, Bwana, tufunze naswi kuomba Mngu, kama vile Johanne alivyowafunza wanafunzi wakwe.

2 Akawambia, Mtakapoomba Mngu, semani, Baba, jina lako na litakate, ufaume wako na uje, na yawe mapenzi yako, kama yalivyo mbinguni na juu ya nt'i yawe vivyo.

3 Tupe killa siku chakula chetu cha kututosha:

4 nawe tusamehe makosa yetu kama tumsamehevyo killa tumwiae: nawe usitupeleke katika kujaribiwa tuokoe na muovu.

5 Akawambia, Kuna mt'u kwenu atakaekuwa na rafikiye, akamwendea usiku wa manane, akamwambia, Rafikiyangu, niazima mikate mitatu,

6 kwa kuwa amekuja rafikiyangu amenifikilia kwangu atoka safarini, nami sina cha kumsongezea.

7 Iye na kum'dzigidzya mo ndani, akimwamba, Utsanisirinya: uno muryango udzafungwa hvino: na mino na ahoho angu hudzakala hurere hosini: sadima kuuka nikakup'e.

8 Namwámba, Angere k'endzi kumup'a kwa kukala ni msena-we, ela kwa hviryat'u adzizhogwirwa ni haya yundauka yundamup'a kila amalazho zhosi.

9 Na-mi namwámba, Hvoyani mundap'ewa; malani-malani mundaona; bishani mundasundulirwa.

10 Kwani ahvoyaye wosi up'ewa, na amalaye uona, na abishaye usundulirwa.

11 Kwani kwenu kuna baba wani andiyehvoywa kinolo ni mwana-we, kidza akamup'a iwe? hedu kumba, akamup'a nyoka hat'u ha kumba?

12 Hedu akim'hvoya iji ra k'uku, yundamup'a hambini?

13 Be, kala ninwi murio ai munamanya kuap'a ahoho enu vip'ewa vidzo: dzee na Babiyenu ariye ko mulungu-ni k'andazidi zhomu kuap'a Roho ra Kutsuka ao mamuhvoyao?

14 Na-ye were akim'omboza mut'u p'ep'o, ni p'ep'o bwibwi; hata haho adzihoombola p'ep'o ye bwibwi akinena. Machangalala mitunganano ya at'u,

15 oanginemakiamba, Kuno kuomboza kwakwe p'ep'o ni kahi ya Beeli-zebuli mutawala-p'ep'o.

16 Angine makim'jeza, makimumala muwano ulae dzulu mulungu-ni.

7 Akamjibu mle ndani, akamwambia, Usi-
niudhi: mlango umekwisha fungwa, nami
nshalala na watoto wangu: sipati ondoka kuja
kukupa.

8 Nawambia kwamba, angawa hataki kumpa
kwa kuwa ni rafikiye, lakini kwa hivyo
asivyoona haya ataondoka atampa kadiri
atakalo.

9 Nami nawambia, Ombani mpawe, tafutani
muone, bishani mfunguliwe,

10 Kwani killa aombae hupawa, na atafutae
huona, na abishae hufunguliwa.

11 Kwani kwenu kuna baba gani atakaeo-
mbwa mkate ni mwanawe, akampa jiwe? au
samaki, akampa nyoka wala si samaki?

12 au amuombapo ii la k'uku, atampa ng'ge-
kitumbo?

13 Basi nywinywi mlio wabaya kwamba
mwajua kuwapa watoto wenu vipawa vyema,
jee na Babaenu wa mbinguni hatazidi sana
kuwapa Roho Mtakatifu hao wamuombao?

14 Nae alikuwa akimchomoa p'epo bubwi,
hata akisha toka yule p'epo alisema yule aliye-
kuwa bubwi, wale mak'utano ya wat'u waka-
taajabu:

15 wengine wakasema, Ni kwa Beeli-zebuli,
amiri wa p'epo, awachomoavyo yeye p'epo.

16 Wengine wakamuonda-onda, wakamtaka
ishara itoke mbinguni.

17 Be ye yunamanya ma*a*zo gao, akiamba, K*i*la ushaha wosi udzogazhikana kahi ya m'oyo--we uhendywa mwijo, na k*i*la nyumba yosi idzogazhika kahi ni kug*w*a.

18 Be na She*t*ani k*a*la udzagazhika kahi ya m'oyo-we, undaima-dze uryat'u ushaha-we? k*w*a kuk*a*la munaamba hvivi k*w*amba ni kahi ya Beeli-zebuli hvino niombozazho p'ep'o.

19 Be, hvino niombozazho p'ep'o mino k*w*a-mba ni k*w*a Beeli-zebuli, dzee na ahoho enu maaomboza kahi ya hani? ndo mandihokuk*a*la alam'zi enu ao.

20 *E*la kaheri k*w*amba ni k*w*a chala cha Mu-lungu niombozazho p'ep'o, kumba, uno ndo, ushaha wa Mulungu udzam'g*w*erera.

21 Mut'u ngumbao adzehala viyera akik*a*la yunamanyirira nyumba-ye, zho vit'u-zhe ni kuk*a*la vizizimu:

22 *e*la andihoyererwa ni mwandzi-we ngu-mbao mwenye kum'kira iye, akik*a*la kudhimwa, ni kum'hoka zho viyera-zhe arizhoeremera, aka-gazha viya-zhe.

23 Asiyek*a*la hamwenga na-mi unikalira dzulu yangu, na asiyekundzumanya hamwenga na-mi utsamula.

24 Kipindi p'ep'o mukolo am'ombolaho mu-t'u-we, ni kukira kahi ya hat'u habahe hasiho madzi, akim*a*la ha ku*o*ya, ha*t*a unaona k'akuna, achamba, Nindauyira nyumba irya niriyo-ombola.

25 Ha*t*a unafika akiiona idzasherwa idzahe-ndwa-t'o:

17 Nae akijua mawazo yao akawambia, Killa ufaume uliogawanyikana juu ya nafusi yakwe huvundwa, na killa nyumba iliyogawanyikana huanguka.

18 Basi na Shetani nae kwamba amegawanyikana juu ya nafusi yakwe, utapata wapi kusimama ule ufaume wakwe? kwa kuwa hivi mnasema kwamba ni kwa Beeli-zebuli niwachomoavyo mimi p'epo.

19 Basi hivi niwachomoavyo p'epo mimi kwamba ni kwa Beeli-zebuli, jee na wenenu wawachomoavyo ni kwa nani? Ndipo nao watakapokuwa waamzi wenu.

20 Lakini niwachomoavyo p'epo kwamba ni kwa chanda cha Mngu, huo ndio ufaume wa Mngu umekwisha wangilia!

21 Mt'u mwenyi nguvu aliyejifunga silaha zakwe akiwa hali ya kulinda nyumba yakwe, vile vit'u vyakwe vi salama:

22 lakini atakapomwendea mwenziwe aliye na nguvu zaidi ya yeye, akamshinda, humnyang'anya zile silaha zakwe alizokuwa akitumaini, wat'u wakagawanya vyombo vyakwe.

23 Asiyekuwa hali moja nami, yu kinyume changu, na asiyekusanya pamoja nami hutawanya.

24 Wakati atokwapo mt'u ni p'epo mchafu, hupita katika mwahali msimo maji, yuatafuta pa kupumzika, kisha akiona pahali hakuna, husema, T'airejea ile nyumba yangu nliyotoka.

25 Hata akisha fika, huiona imefyagiwa imepambwa:

26 haho achenda, achenda hala p'ep'o afungahe maro ai kum'kira iye, makiyangira makiikala ndani, akikala mut'u iye ut'u-we wa wa nyuma ni ui kukira o wa mbere.

27 Kunena-kwe gaga mut'u-muche nganya po! yunaanula mumiro mo mutungano-ni, akimwamba, Ridzakala-t'o zhalo ririrokuzhala na mahombo úrigoamwa!
28 Iye akiamba, A'a'a; ela o enye kusikira maneno ga Mulungu na kugamanyirira, ao ndo madzokala-t'o.

29 Hata manaminyana hvivi yo mitúnganano akiaha kunena: Kizhalo kiki ni kii, kinamala muwano, na k'akindap'ewa muwano usihokala muwano wa mwambirizi Jona.
30 Kwani here hviryat'u urizhokala muwano wa Jona kwa Anineve, na mwana wa mudamu ni hviryat'u zhenye andizhokala kwa kizhalo kiki.
31 Ro shaha riche ra mwaka-ni rindaima maamuli-ni hamwenga na at'u alume a kizhalo kiki, kaheri yundaamanya kukala alongo, kwa kukala iye wála' mihaka ya-ts'i ya kure zhomu kudza sirikiza ulachu wa Solomon', ela haha, lola, hana ut'u unji kum'kira Solomon'.
32 At'u-alume a Nineve mandaima maamuli-ni hamwenga na kizhalo kino, na-o mandiamanya ni alongo, kwa kukala ao mádzyuta kwa uworo wa Jona, ela, lola we! haha hana ut'u unji kum'kira Jona.
33 K'ahana mut'u adziyeasa tsala, akariika

26 ndipo akenda akatwaa wenziwe p'epo sabaa wabaya kuliko yeye, wakangia wakakaa humo, akawa mt'u yule hali yakwe ya mwisho ni mbaya kuliko ya kwanza.

27 Basi, alipokuwa akisema haya, ilikuwa mwanamke mmoja wa katika mk'utano kuinua sauti yakwe, akamwambia, Yamebarikiwa matumbo yaliyokuzaa, na matiti uliyonyonya.

28 Nae akasema, Afudhali, wamebarikiwa wasikiao neno la Mngu na kulishika.

29 Wa katika kukusanyika wale mak'utano, akaanza kusema, Ni kizazi kibaya kizazi hiki: chatafuta ishara, wala hakitapawa ishara, isipokuwa ni ile ishara yakwe Jona.

30 Kwani kama vile ishara ya Jona ilivyokuwa kwa Wanineve, ndivyo atakavyokuwa mwana wa mt'u nae kwa kizazi hiki.

31 Mfaume mke wa kasikazini atasimama katika maamzi na wat'u-waume wa kizazi hiki, tena atawahukumu: kwani alitokea nt'a za nt'i za mwisho kuja kumsikiza Solomon hikima zakwe: nanywi angaliani, hapa pana neno kubwa zaidi ya Solomon.

32 Wanawaume wa Nineve watasimama katika maamzi pamoja na kizazi hiki, nao watakihukumu, kwa kuwa wao walitubu kwa kuhubiriwa ni Jona; nanywi angaliani, hapa pana neno kubwa kuliko Jona.

33 Hapana mt'u aliyewasha taa akaiweka pa-

hat'u ha kidani-dani, hedu ts'i-ni ya p'ishi, isihokala dzulu ya kiya cha tsala, kwamba o mangirao mapate kumirikwa ni ch'enje-ze.

34 Tsala ra mwiri ndo dzitso, be dzitso--ro rikikala na umwenga-wa-t'o, na mwiri-o wosi undakala na mulangaza: ela kaheri riki-kala ni rii, na o mwiri-o ukala kiza-kiza.

35 Dzimanyirire bai, p'ore ukakala kiza o mulangaza-o urio mwako ndani.

36 Be, kwamba o mwiri-o udzakala na mula-ngaza kosi-kosi, k'auna hat'u ha kiza kamare, undakala na mulangaza-t'o, here umirikwaho ni tsala na kung'ala-ng'ala-kwe.

37 Iye unasumurira hvivi Farisi nganya akimumala adze arye chakurya kwakwe; achangira ndani, akikelesi chakurya-ni.

38 Hata ye Farisi unalola hvivi, akimaka hviryat'u asizhooga mbere za chakurya.

39 Ye Bwana akimwamba, Ninwi Mafarisi kikombe na chano munavitsusa cha-ndze hvivi, ela mwenu ndani mudzadzala uhoki na ui.

40 Apambavu nwi, ariyehenda zha-ndze k'a-hendere na zha ndani?

41 Ela hendani kuap'a akia virizho mo nda-ni; na-nwi hvizho maut'u gosi ni kukala maeri kwenu.

42 Ela ore wenu Mafarisi, kwa kukala muhenda ts'andzi za uvumbane na mutsu-nga na mboga za makodza kila mudhemba urioko: mukaricha garigo na ngira na ma-hendzo ga Mulungu: na-nwi hvino ndo mu-

hali pa t'ini ya nt'i, wala t'ini ya p'ishi, isipo-
kuwa juu ya kinara; illi wat'u wangiao wapate
ona mwanga.

34 Taa ya mwili ni jito, basi jito lako liwapo
sawa, na mwili wako wot'e huwa na mwanga:
lakini liwapo baya, mwili wako nao huwa
kiza-kiza.

35 Angalia basi, usije ukawa kiza mwanga
ulio nao ndani yako.

36 Basi uwapo na mwanga mwili wako wot'e,
usiwe na kiza ndani po pot'e, mwili wako
wot'e utakuwa na muanga, kama vile ikumu-
likiapo taa kwa nuru zakwe.

37 Basi yu katika kusumulia hivi, Farisi
mmoja akamwita aje kwakwe ale chakula cha
asubuhi; akangia ndani, akakaa katika cha-
kula.

38 Yule Farisi alipomuona, alitaajabu kwa
vile asivyonawa mbele ya chakula.

39 Bwana akamwambia, Sasa nywinywi Ma-
farisi mwatakasa kikombe na chano kwa nde,
illa ndani mmejawa ni kunyang'anyana na
ubaya.

40 Wapumbavu nywi, aliyefanya vya nde
hakuvifanya na vya ndani?

41 Lakini toani zaka hivyo vya ndani, na-
nywi hivyo ndivyo, vit'u pia vimekuwa ni safi
kwenu.

42 Lakini ole wenu Mafarisi, kwa kuwa
mwafanya nyushuru za naanaa na sadhabu na
mboga zot'e, mwayaata mambo ya ndia na

agirwezho ni kuvihenda, hamwenga na kutsa-
richa hvino.

43 Ore wenu Mafarisi, kwa hvizho muhe-
ndzazho vikalo zha mbere kahi ya migojo, na
kulam'sanya kahi ya mihala ya dhora.

44 Ore wenu, aori na Mafarisi, akengi, kwa
kukala mudzahalana na mbira zisizooneka
zambazo makirao dzulu-ye k'amazimanyire.

45 Be, mumwenga waho o afundi a uagirwi
akim'dzigidzya akimwamba, Mufundi, hvivi
unenazho gaga udzakala unafwonera siswi.

46 Akiamba, Nanwi ore wenu, afundi a u-
agirwi, kwa kukala munahika at'u mizigo
isiyoadimika, nanwi enye k'amuigut'a na zhala
zhenu kimwenga-waho.

47 Ore wenu, kwa kukala munaika vigango
zha ambirizi, na-o babizenu mere enye kua-
alaga.

48 Hambe munalazha uzhodherwa kwamba
mu na-o babizenu kazi-ni mwao: kwa kukala
ao ndo maroaalaga, na-nwi ndinwi muaikirao
vigango.

49 Ndo urihonena ulachu-wa-t'o wa Mwe-
nye-Mulungu, Mimi ni kuhuma ahumwi na
ambirizi mende kwao, na angine mandaaalaga,
na kuasirinya-sirinya;

50 kwamba kizhalo kiki kiuzwe milatso ya
ambirizi osi iryomwagika hangu kwandika
urumwengu,

51 hangu milatso ya Abeli hata milatso ya

mapenzi ya Mwenyiezi-Mngu: nanywi haya iliwapasa kuyafanya, pamoja na kutoyaata yale.

43 Ole wenu Mafarisi, kwa kuwa mwapenda makazi ya mbele katika misikiti na kuamkuzana katika masoko.

44 Ole wenu, waandishi na Mafarisi, wanafiki, kwa kuwa mu mfano maziara yasiyokuwa wazi, ambayo wenyi kupita juu yakwe hawana habari nayo.

45 Basi walimu wa torati mmoja-wapo alimjibu, akamwambia, Mwalimu, usemavyo haya watuonea na swiswi.

46 Akasema, Nanywi ole wenu, walimu wa torati, kwa kuwa mwawatweka wat'u mizigo isiyowezekana, nanywi wenyewe hamuigusi hata kwa vyanda vyenu kimoja-wapo.

47 Ole wenu, kwa kuwa mwaaka maziara ya manabii, na babazenu ndio waliowaua.

48 Mbona mnashuhudia kwamba ndinywi nao babazenu katika kazi yao: kwa kuwa wao ndio waliowaua, nanywi ndinywi muwaakiao maziara.

49 Ndipo iliposema hikima ya Mngu, Mimi hutuma kwao mitume na manabii, nao watawaua baadhi yao na kuwafukuza;

50 illi kipate ulizwa kizazi hiki damu ya manabii wot'e iliyomwaika tangu kupigwa msingi ulimwengu,

51 tangu damu ya Abeli hata damu ya Zeka-

Zekaria ariyeangamika kahi ya kiya cha kutsindzira maombozezo na nyumba ya Mulungu: ni jeri, namwámba kwamba kindakuuzwa kizhalo'kiki.

52 Ore wenu, afun*d*i a uagirwi, kwa kuk*a*la kig*w*arya cha ul*a*chu-wa-t'o mudzakihala ninwi mukenda na-cho kure, na o marom*a*la kuangira mudzaazulia.

53 Ha*t*a nyuma za kuombola-k*w*e mumo, makiaha o afun*d*i a uagirwi na Mafarisi kum'ogosha vii, na kum'uza mauzo manji.

54 hamwenga na kumup*i*gira zhamba, k*w*a kuindza maneno ga kanwa-ke k*w*amba mapate ra k*w*enda m'sema.

12. HA*T*A kahi ya gaga, makitsungumanira hamwenga at'u anji-anji ho mu*t*ungano-ni, ha*t*a kum*a*la kuzhogana, akiaha kuambira afun*d*wi-e k*w*andza, Dzimanyirireni na ts'atsu ya Mafarisi, wambao ndo ukengi.

2 *E*la k'ahana ut'u uriofundirwa usiokudza ukaik*w*a lwazu, na uriofitsika usiokudza ukamanyika-t'o.

3 K*w*a ut'u uo mudzigon*e*na kiza-ni gosi gandakusir*i*kizika mulangaza-ni; kaheri mudzigos*u*murira luts'*a*ga-ni s*i*k*i*ro ra mut'u, gandakudza gaj*e*nezwe dzulu ya kitsuri cha nyumba.

ria aliyeangamia katikati ya utindio na nyu-
mba ya Mngu: naam, nawambia kwamba
damu yao kitaulizwa kizazi hiki.

52 Ole wenu, walimu wa torati, kwa kuwa
ufunguo wa maarifa mmeutwaa mmeuondoa
mbali; wenyewe hamkungia, nao waliokuwa
wakingia mmewazuia.

53 Alipokwisha toka humo wakaanza walimu
wa torati na Mafarisi kumkamia vibaya, na
kumuuza-uza masuali mangi,

54 huku wakiinda maneno ya kanwani mwa-
kwe.

MLANGO WA KUMI NI MBILI.

12. Yu katika kunena haya yakak'utanika
mak'utano wat'u wangi mno hata kutaka
kukanyagana, ndipo alipoanza kuwambia wa-
nafunzi wakwe kwanza, Jilindeni na t'atu ya
Mafarisi, nayo ni unafiki.

2 Lakini hakuna neno lililositirika ambalo
halitafunuliwa, na lililofitamana, ambalo ha-
litajulikana.

3 Kwa sababu hii hayo mliyosema kizani
yatakuja kusikilikana mwangani, yawayo
yot'e; na mliyosumulia katika sikio la mt'u
ndani ya maghala, yatakuja kuhubiriwa juu
ya madari.

4 Namwambira nwi asenangu, mutsaogoha ano maalagao mwiri makatsakala na ut'u wa kuhenda kaheri.

5 Be nindam'onyesa ni hani mundiyem'ogoha: m'ogoheni iye ariye na wadimi nyuma za kumwalaga mut'u akam'tsuha kahi ya jahanamu; ee, namwamba m'ogoheni iye.

6 Utsongo utsano k'auguzwa kwa p'esa mbiri? na-o k'akalaywa kamwenga-waho mbere za Mulungu.

7 Na-nwi hata zi nyere za vitswa-ni mwenu zidzatalwa zosi: mutsaogoha, kadiri kenu ni kukira ka utsongo unji.

8 Na-mi namwambira, kwamba kila mut'u andiyeniahikiziza mbere za at'u, na-ye yundakudza aahikizizwe ni mwana wa mut'u mbere za malaika a Mulungu.

9 Ela ye adziyenizira nyuso-ni mwa at'u, yundakudza azirwe mwenye nyuso-ni mwa malaika a Mulungu.

10 Na kila mut'u andiyenena ut'u dzulu ya mwana wa mudamu yundarichirwa, ela ye adziyem'hukana Roho ra Kutsuka k'andarichirwa.

11 Kipindi mandihomulongoza mende na-nwi mbere za migojo-migojo, na enye-ts'i, na enye wadimi, mutsasirima kwa kumala kisingo hedu kuaza mudzisingizire-dze, hedu munene-dze:

12 kwani gago gafwahago kuganena mundakudza mufundywe haho henye ni Roho ra Kutsuka.

13 Be mut'u m'siku wa mo mutungano-ni

4 Nami nawambia nywi rafikizangu, msiwa-ogope hao wauao kiwiliwili kisha baadae wasipate la kutenda.

5 Lakini t'awaonya mtakaemuogopa : muo-gopeni huyo aliye na uwezo baada ya kumuua mt'u akamtupa katika jahanam ; naam, nawa-mbia, muogopeni huyo.

6 Mashomoro watano hawauzwi kwa pesa mbili? nao hasahauliwi mmoja-wapo mbele ya Mngu.

7 Nanwyi hata nywele za vitwani mwenu zimehasibiwa zot'e : msiche, thamani yenu hu-zidi ya mashomoro wangi.

8 Nami nawambia kwamba killa atakaeni-kubalia mbele za wat'u nae atakubaliwa ni mwana wa mt'u mbele za malaika wa Mngu.

9 Lakini aliyenikana nyusoni mwa wat'u atakwenda kanwa yeye nyusoni mwa ma-laika.

10 Na killa mt'u atakaesema neno juu ya mwana wa mt'u atasamehewa, lakini yule ali-yemtukana Roho Mtakatifu hatasamehewa.

11 Wakati watakapowaongoza wende na-nywi mbele ya wat'u wa misikitini na wenyi enzi na uwezo, msifazaike kwa kuaza jawabu, wala jinsi mtakavyowajibu, wala muwambieje :

12 kwani Roho Mtakatifu atawafunzia muda ule mtakayowambia.

13 Basi, mt'u mmoja katika mk'utano aka-

s. 65

akimwamba, Mufundi, mwambire ndugu yangu kwamba anigazhize na-mi ufwa wa baba.

14 Akimwamba, Hewe mut'u, dzaikwa ni hani mino nikakala mwalam'zi hedu mugazhi dzulu yenu?

15 Akiamba, Lolani mudzimanyirire na ma-ut'u ga kuaza-aza, kwani mut'u uzima-we k'aukala kahi ya kuryat'u kukala vinji vit'u-zhe arizho na-zho.

16 Akiambira funjo, akiamba, Mut'u nganya mupati munda-we wáhenda-t'o;

17 akikala kuaza mwakwe m'oyo-ni, aki-amba, Nihende-dze? kwani sina ha kuku-ndzumanyiza mutsere wangu.

18 Akiamba, Ndozho nindizhohenda, ninda-vundza ts'aga zangu niake nyingine bomu nikakundzumanyize ndani mutsere wangu wosi na vit'u zhangu:

19 niwambire m'oyo wangu, Hewe m'oyo, una vit'u vinji udzizhoikirwa, zha myaka minji; oya bai, urye unwe ufwahirwe.

20 Mulungu akimwamba, Hewe mujinga, hata uu usiku wa rero manakumala m'oyo-o: be gaga udzigohenda-t'o gandakala ni ga hani?

21 Ndozho adzizhokala mut'u adziikiraye mwenye asihokala mupati kwa Mulungu.

22 Akiamba o afundwi-e, Kwa ut'u uu namwambira, Mutsasirimira uzima wenu

mwambia, Mwalimu, mwambie nduguyangu kwamba anigawanyie urithi wetu.

14 Akamwambia, Mt'u wewe nimewekwa n nani niwe mwamzi mimi au mgawanyi juu yenu ?

15 Akawambia, Angaliani mujilinde na mambo ya kutamani-tamani, kwani mt'u uzima wakwe hauwi katika vile vilivyozidi vit'u vyakwe alivyo navyo.

16 Akawambia fumbo, akawambia, Mt'u mmoja tajiri shamba lakwe lilikuwa limezaa sana ;

17 akawa kutafakari moyoni mwakwe, akasema, Nifanyeni ? kwani sina pa kukusanyia nafaka yangu.

18 Akasema, T'afanya hivi : t'avunda hizo ch'aga zangu nijenge nyengine k'ubwa, hakusanyie humo nafaka zangu zot'e na vit'u vyangu :

19 kisha niwambie moyo wangu, Ewe moyo wangu, una vit'u vyema vingi ulivyowekewa, vya myaka mingi ; pumzika basi, ule, unwe, ufurahi.

20 Mngu akamwambia, Mpumbavu wewe, hata huu usiku wa leo wa katika kukutaka moyo wako : basi haya uliyotengeza yatakuwa ni ya nani tena ?

21 Ndivyo awavyo mwenyi kuiwekea akiba nafusi yakwe, asipokuwa mkwasi kwa Mngu.

22 Akawambia wanafunzi wakwe, Kwa ajili ya haya nawambia, Msitaabikieni maisha

s.

hat'u ha mundizhorya; hedu miiri yenu hat'u ha mundigovwala.

23 Kwani uzima ukira zhakurya na mwiri ukira mavwalo.

24 Aazeni ano ngoongoo, zhambazho k'amalaya, k'amavuna, k'amana luts'aga hedu ha kuikira vit'u, na-o Mwenye-Mulungu ndeye aap'aye chakurya: na-nwi mudzaakira-dze zhomu ano!

25 Kwenu kuna hani aadimaye kudziongeza kimo-che mukono mumwenga?

26 Be, mukikala k'amwadima hata garigo matite, hambe munasirimira gadzigosala?

27 Azani gago malua, gamerazho; k'agahenda kazi, k'agahalaza luzi: na-mi na-mwamba kwamba hata iye Solomon' kahi ya indzi-re rosi were k'avwalire here dza mwenga-waho gago.

28 Ehe, na zizi nyasi za lwanda-ni zambazo rero zichere haha, machero zikatsufwa m'oho-ni, kala Mulungu udzazivwika hvivi, dzee, k'andamuvwika ninwi, henwi enye kuluhiro chache?

29 Na-nwi mukatsamala mundizhorya hedu mundigonwa: kaheri mutsahenda kimoyo-moyo:

30 kwani hvivi zhosi ndo mamalazho k'olo za urumwengu-ni: na-ye Babiyenu unamu-manya kukala muna ut'u na-zho hvivi.

31 Ela malani ushaha wa Mwenye-Mulungu, na-nwi mundakudza muongezwe hvivi zhosi.

32 Mutsaogoha nwi kabadi katite! kwani udzaona-t'o Babiyenu kumup'a ushaha.

yenu kwa mtakavyokula ; wala hata miili yenu kwa mtakayovaa.

23 Kwani maisha huwa zaidi ya chakula, na mwili huwa zaidi ya mavao.

24 Tafakarini mambo ya k'unguu, ambavyo kwamba hawapandi, hawavuni, hawana ghala wala uch'aga, nao Mwenyiezi-Mngu ndiye awalishae : nanywi mmewapitaje nyuni thamani yenu !

25 Kuna nani kwenu awezae kujizidisha kimo chakwe mkono mmoja ?

26 Basi mkiwa hamyawezi hata yaliyo madogo, mbona mnataabikia hayo yaliyobaki ?

27 Tafakarini yameavyo maua : hayafanyi kazi, hayasokoti ; nami nawambia kwamba Solomon nae katika utukufu wakwe wot'e alikuwa hakuvikwa kama moja-wapo katika hayo.

28 Ehe, hizo nyasi za k'ondeni ambazo leo ziko, na kesho hutupwa t'anuni, kwamba Mwenyiezi-Mngu amezivika hivyo, kefa nywinywi, enywi wenyi imani kidogo.

29 Nanywi msitafute mtakavyokula wala mtakavokunwa : wala msidawae :

30 kwani hivi vyot'e ndivyo watafutavyo taifa za humu duniani : nae Babaenu awajua kwamba mna haja navyo vit'u hivi.

31 Lakini tafutani ufaume wa Mngu, nanywi mtaongezwa hivi vyot'e.

32 Msiogopeni kundi dogo nywi ! kwani ameona vyema Babaenu kuwapa ufaume.

33 Guzani murizho na-zho mukaalazhizhe vit'u akiya. Dzihendereni vikuchi visizhotumika, vit'u zha kuikwa visizhohunguka zha dzulu mulungu-ni, kusikosengerera mwivi na kusikoonongeka kwa p'oho.

34 Kwani hariho na vit'u zhenu zha kuikwa, na yo myoyo yenu ikala haho.

35 Zhuno zhenu ni vikale kufungwa na matsala genu kuaka:

36 Na-nwi enye kalani here at'u mamurindizao Bwana wao hata auye ko harusi-ni, kwamba adzaho akibisha mamuvugulire haho.

37 Baha ao! ahumiki ano bwano wao andihoaona makichesa matso kipindi andihokudza. Ni jeri namwamba, yundadzifunga chuno, yundaahisa chakurya-ni, aadzirire hehi akaahumikire.

38 Na-ye akidza isa ra hiri hedu ra hahu akiaona hvivi, baha ao! ahumiki ano.

39 Manyani bai, kala ye mwenye nyumba were udzamanya ni murongo wani andihodzirirwa ni mwivi, angere kuchesa matso, na k'angairichire nyumba-ye ikavundzwa.

40 Na-nwi kalani-t'o, kwani ni kahi ya murongo musioaza haho adzaho mwana wa mudamu.

41 Petero akimwamba, Bwana, funjo ii udzafwambira siswi, hedu at'u osi pia?

42 Bwana akimwamba, Ni hani bai, iye mumanyiriri mudzo na ulachu andiyeikwa ni bwana-we dzulu ya uhumiki-we, kwa kuala-

33 Uzani mlivyo navyo mtoe zaka. Fanyani mifuko isiyokuwa mikuu-kuu, akiba isiyopunguka ya mbinguni, pahali pasiposongea mwivi wala kuharibika kwa nondo.

34 Kwani palipo na akiba yenu na moyo wenu huwa papo.

35 Vyuno vyenu na viwe kufungwa na taa zenu kuwaka:

36 nanywi wenyewe iwani mfano wat'u wamtezamiao bwana wao atakapo kurudi harusini, illi ajapo akibisha, wamfungulie mara.

37 Raha ndao! watumwa wale watakaonekana kukesha ni bwana wao atakapokuja. Ni kweli nawambia, atajifunga atawakaribisha chakulani, awendee karibu akawaandikie vyakula.

38 Nae akija zamu ya pili au akija ya tatu, awaonapo hivi, raha ndao watumwa wale!

39 Fahamuni neno hili tuu: kwamba alijua mwenyi nyumba saa atakayojiliwa ni mwivi, angekesha, wala asingeiata nyumba yakwe ikavundwa.

40 Nanywi kaani tayari, kwani saa ajayo mwana wa mt'u ni saa msiyothani.

41 Petero akamwambia, Bwana fumbo hii umetutolea swiswi au wat'u pia?

42 Bwana akamwambia, Basi n nani huyo wakili mwema na akili atakaewekwa ni bwana

zhiza at'u mafungu ga chakurya kwa makati-
-ge ?

43 Baha iye! muhumiki ambaye bwana-we
yundam'tekeza unahenda hvivi ho andiho-
kudza.

44 Ni jeri, namwamba kwamba yundamwinya
dzulu ya arizho na-zho zhosi :

45 kaheri andihonena ye muhumiki m'oyo-
-ni-mwe, Bwana-wangu yunakala dii, aahe
kuapiga o ahumiki alume na o ahumiki ache,
kuno akirya akinwa akirea :

46 ndo Bwana-we muhumiki yuyat'u andi-
hom'kwendera kwa siku asiyoaza na murongo
asiomanya, akamutsambule, amup'e fungu-
-re hamwenga na maso kuluhiro.

47 Na yuyat'u muhumiki ambaye were
udzamanya mahendzo ga bwana-we na k'aga-
hendere-t'o, hedu k'ahendere here dza ma-
hendzo ga Bwana-we, yundakupigwa mapigo
manji :

48 na yuyat'u ambaye k'amanyire, na-ye
udzahenda gaagirwego ni mapigo, yundapigwa
machache. Na kila mut'u wosi adziyep'ewa
vinji, na-ye kwakwe ni kumalwa vinji : na-ye
madziyem'ikira vinji kwakwe, mandakudza
mala kwakwe vinji vidzokira.

49 Nidzire gwaga m'oho dzulu ya-ts'i, na
kala udzaaka kare, nimale-ni ?

50 Ela nina kutobywa kwangu nindikoto-
bywa ; na-mi dzakamilwa-dze hata gamarigi-
sike !

G.   69

wakwe juu ya utumishi wakwe, kwa kuwa-
tolea wat'u posho kwa wakati wakwe ?

43 Raha ndakwe! mtumishi yule, ambaye
bwana wakwe akija atamuona akifanya kama
haya.

44 Ni kweli nawambia kwamba atamsima-
misha juu ya vyot'e alivyo navyo.

45 Lakini mtumishi yule atakaposema mo-
yoni mwakwe, Bwana wangu yuakawia, akawa
kuwapiga wale watwana na vijakazi, akila
akinwa akilewa :

46 ndipo atakapomwendea bwana wakwe
mtumwa yule kwa siku asiyothani na saa asi-
yojua, ampasue kati, ampe na fungu lakwe
pamoja na wasio imani.

47 Na mtumwa yule aliyejua mapenzi ya
bwana wakwe, wala hakujitengeza wala ha-
kutenda kama mapenzi ya bwana wakwe, ata-
pigwa yule fimbo nyingi :

48 na yule asiyejua, nae amefanya yaliyosi-
tahili na mapigo, atapigwa fimbo kidogo. Na
killa aliyepawa vingi, kwakwe vitatakwa vingi ;
nae waliyempa amana vit'u vingi, watamtaka
vilivyozidi.

49 Nimekuja kumwaya moto juu ya nt'i, nao
kwamba unakwisha waka, vinani ?

50 Lakini nna mazamisho yangu nitakayo
zamishwa, nami jinsi nilivyosongwa hata ya-
timie !

51 He*d*u munamba-dze, nid*z*ire angiza udheri kahi ya ts'i? Namwamba sozho, *e*la k'ai ni matsanyo *tu'*.

52 K*w*ani hangu hvikara vindak*a*la at'u atsano maro nyumba mwenga kutsanywa airi k*w*a ahahu na ahahu k*w*a airi.

53 Mandatsanywa babe-mut'u na mwana-we mwana-mulume, na mwana-mulume na baba--ye: na mame-mut'u na mwana-we mwana--muche, na mwana-muche na mameye, ami--zhala na muk*a*za-mut'u, na muk*a*za-mut'u na ami-zhala-ye.

54 Akiamba na yo mi*t*unganano, Mukiona ingu rid*z*aanuka mutswerero-ni, haho mun*e*na k*w*amba, *W*ula inad*z*a, ikak*a*la ni hvizho:

55 na mukis*i*kira p'eho ya kutsano inaruruma, mun*e*na k*w*amba, Rindak*a*la dzua; rikak*a*la.

56 Henwi akengi, kumba munamanya kuung'aza-t'o uso wa urumwengu, hambe maka*t*i gaga k'amumanya kugang'aza!

57 Hambe nwi k'amwalamula jeri enye!

58 K*w*ani uchenda hvivi na muk'ondo-o k*w*enda na-ye kwa liwali, henda kikani k*w*amba akuriche muchere nyosi ngira-ni; p'ore akaku*w*urura ha*t*a k*w*a mwalam'zi, mwalam'zi akakuika k*w*a mulazhi wa ma*d*eni, mulazhi akakug*w*aga chumba-ni.

59 Nak*w*ambira k'ula' mumo ha*t*a urihe kasiku kandikosala kosi.

51 Mwaonaje ? nnakuja kutia amani katika nt'i ? Nawambia la! illa afudhali magawanyikano.

52 Kwani tangu sasa itakuwa wat'u watano walio nyumba moja kugawanyikana wawili kwa watatu, na watatu kwa wawili.

53 Watagawanyikana babae-mt'u na mwanawe mwanamume, na mwanamume na babae; mamae-mt'u na mwanawe mwanamke, na mwanamke na mamae; mamavyaa na mkewe mt'u, na mkewe mt'u na mamavyaa-e.

54 Akawambia na wale mak'utano, Killa mkiona wingu limeinuka p'ande za matwioni, mara husema, Mvua yaja, ikawa ndivyo :

55 na mkisikia kasikazi yavuma, husema, Itakuwa jua kali; ikawa.

56 Wanafiki nywinywi! kumbe uso wa ulimwengu mwajua kuutambua, mbona nanywi hamjui kuutambua wakati huu nao !

57 Nanywi mbona hamwamui haki wenyewe !

58 Kwani umuandamapo mdawa wako ukenda nae kwa liwali hivi, fanya bidii mli nyot'e ndiani, asije akakupeleka kwa kadhi akikuburuta-buruta, yule kadhi akakutia kwa mtozi wa madeni, yule mtozi akakubwaga gerezani.

59 Nakwambia, hutoki humo hata wishe lipa pesa ya mwisho, kamwe.

UKOMO WA KUMI NA T'AHU.

13. Be mákala haho angine kipindi kicho mam'p'ao uworo wao Agalili mambao Pilato wátsanganya milatso yao hamwenga na masadaka gao.

2 Jesu akiadzigidzya akiauza, Muamba--dze? Agalili ao mere enye dambi kuakira Agalili angine osi, kwa gago garigoapata?

3 Hat-ta! namwámba sozho: ela m'sihokolwa mundaangamika nyosini hvizho zhenye.

4 Hedu arya kumi na anane mambao munara wáagwerera dzulu yao kurya Siloam', munaaona ni at'u a makosa arya kukira at'u osi makelesio haha Jerusalem?

5 Hat-ta, namwamba; ela m'sihokolwa mundaangamika nyosini hviryat'u zhenye.

6 Be akiambira funjo ii: Were mut'u m'siku na mukuyu-manga-we udzauangiza kahi ya munda-we wa mikongoza-manga: achenda mala ndude dzulu-ye; k'aonere.

7 Akimwamba mumanyiriri wa mikongoza--manga, Lola, myaka mihahu ii ninadza nikimala ndude dzulu ya mukuyu-manga uu, nisione: uteme-ts'i bai, hambe ueremerere ulongo zho!

8 Akim'dzigidzya, akimwamba, Bwana, uriche mwaka uu tu', hata niurimire na kuuangiziza kitole-tole.

MLANGO WA KUMI NA T'ATU.

13. Na zamani ile-ile walikuwapo wat'u wamwambiao habari ya Wagalili wale Pilato aliotanganya damu yao na masadaka yao.

2 Akawajibu akawambia, Mwawathania Wagalili hao kuwa wamekuwa wenyi dhambi kuwashinda Wagalili wot'e, kwa kuwa walipatikana wao ni mambo hayo?

3 Nawambia, hasha; lakini msipotubu, mtapotea vivyo pia nyot'e.

4 Au wale kumi na wanane, walioangukiwa ni buruji huko Siloam, likawaua, mwawathania kwamba wamekuwa wakosaji wale kushinda wat'u wot'e wak'etio Jerusalem?

5 Nawambia, hasha; lakini msipotubu, mtapotea nyot'e kama vile.

6 Basi akatoa fumbo hii: Alikuwa fulani na mtini wakwe ameutulia katika shamba lakwe la mizabibu: akenda akitafuta matunda juu yakwe, asione.

7 Akamwambia mlinzi wa mizabibu, Tezama, myaka mitatu hii naja hapa hitafuta matunda juu ya mtini huu, nisipate k'itu: uteme nt'i, mbona unaulemelea udongo nao?

8 Akamjibu, akamwambia, Bwana uate mwaka huu nao hata nishe kuupalilia na kuutilia samadi.

9 Kidza nyuma-ze ukihenda ndude, bai! ela usihohenda, be ndo uuteme.

10 Hata siku ya Sabato were akifundya at'u kahi ya migojo yao rimwenga-waho.

11 Na-ye po! were haho mut'u-muche na roho ra uhuye-huye hangu myaka kumi na minane, mwiri-we udzam'zama, k'adima kua-nuka kara-kara.

12 Jesu arihom'ona akimwiha; akimwa-mba, Hewe muche udzavugulirwa uhuye--huye-o.

13 Akim'ika mikono dzulu-ye, akigoloka haho henye, akim'lika Mwenye-Mulungu.

14 Akidzigidzya ye muzhere wa rigojo-ni, aki-kala udzatsukirirwa hvirya adzizhokala ku-hoza mut'u kwa siku ya Sabato; akiaamba o mutunganano, Kuna siku t'andahu zifwa-hazo kuhenda kazi: ndzoni mukahozwe kwa siku zizo bai, ela mutsadza kwa siku ya Sabato.

15 Bwana akim'dzigidzya, akimwamba, He-nwi akengi, kila mut'u wenu kwa siku ya Sabato k'avugula ng'ombe-ye hedu ndzowe-ye kidau-ni akenda na-ye kwenda m'nwesa?

16 Ehe, na yuyu, na-ye ni mwana wa Abaraham', mut'u-muche adzefungwa ni P'ep'o myaka kumi na minane ii, hambe k'afwaha yuyu akavugulwa kifungo kiki kwa siku ya Sabato?

17 Arihonena gaga makiona haya osini ma-riom'kahalira. Machererwa o mutunganano

9 Kisha baadae ukizaa matunda, haya! la, hauzai, basi, ndipo uuteme.

10 Basi siku ya Sabato alikuwa akifunza katika misikiti yao mmoja-wapo.

11 Nae huyo ndiye, mwanamke aliyekuwa na roho ya unyonge tangu myaka kumi na minane, nae mwili wakwe umemwinama, hawezi kuinuka sawa-sawa.

12 Jesu alipomuona akamwita akamwambia, Mwanamke umefunguliwa unyonge wako.

13 Akamweka mikono yakwe juu yakwe, akanyoka mara ile, akawa kumsifu Mwenyiezi-Mngu.

14 Basi yule imamu wa mskiti akajibu, amekasirika kwa vile Jesu alivyompoza mt'u kwa siku ya Sabato, akawambia mk'utano, Kuna siku sita zifaazo kufanya kazi, basi ndoni mupozwe kwa siku hizo, wala si kwa siku ya Sabato.

15 Bwana akamjibu akamwambia, Enywi wanafiki nanywi, killa mmoja wenu kwa siku ya Sabato hafungui ng'ombe wakwe au p'unda wakwe horini akenda nae kwenda mnwesha?

16 Kaifa huyu, nae ni mwana wa Abaraham, mwanamke aliyefungwa ni Shetani myaka kumi na minane hii, mbona hafai huyu kufunguliwa kifungo hiki nacho kwa siku ya Sabato?

17 Aliposema haya, walitahayari wot'e waliomshikia kinyume, wakafurahi mk'utano wot'e

wosi kwa ut'u wa go maut'u ga nguma gosi garigohendwa na-ye.

18 Be ndo arihoamba: Udzahalana na inoni ushaha wa Mulungu? Kaheri niuhalanye na inoni?

19 Udzahalana na t'embe ya haradali, yambayo mut'u wáihala, achenda itsuha kahi ya munda-we, ikimera ikikula, hata ukikala muhi, ts'ongo za p'eho-ni makihenda makalo gao t'ai-ni mwakwe.

20 Akinena kaheri, Niuhalanye na inoni ushaha wa Mulungu?

21 Udzahalana na ts'ats'u ariyohala mwana--muche, akiifitsa kahi ya p'ishi t'ahu za unga, hata ukihenda ts'ats'u wosi.

22 Na-ye were akidengereka midzi-midzi na udzidzi-udzidzi akifunda-funda, kuno achenderera mbere luhande lwa Jerusalem'.

23 Mut'u nganya akimwamba, Bwana kuna at'u anji maro kuokoka-ni? Akiamba:

24 Henderani kikani muangire kahi ya muryango muhutsu, kwani namwamba kwamba at'u anji mandamala kuangira matsadima.

25 Makati ye mwenye nyumba andihoima na kuufunga muryango, na-nwi mundihoaha kuima-ndze na kuubisha muryango, munene, Bwana, husundurire: ndo andihodzigidzya, amwambe, Simumanya mula'ko.

26 Ndo mundihoaha kunena, Siswi fwere

kwa sababu ya mambo ya utukufu yot'e yali-
yotendwa ni yeye.

18 Basi ndipo akasema, Ufaume wa Mngu n
nini mfano wakwe? nami niufananishe na
k'itu gani?

19 Ni mfano t'embe ya haradali, aliyotwaa
mt'u akatupa katika shamba lakwe : ikamea,
ikakua, ukawa mti, nyuni wa angani wakakaa
t'agaani mwakwe.

20 Akasema mara ya pili, Niufananishe na
k'itu gani ufaume wa Mngu?

21 Ni mfano t'atu aliyotwaa mwanamke
akasitiri ndani ya p'ishi t'atu za unga, hata
ukawa wot'e u t'atu-t'atu.

22 Nae alikuwa akizunguka miji-miji na
vijiji-vijiji, akifundisha wat'u, huku akisongea
mbele kwenda Jerusalem.

23 Mt'u mmoja akamwambia, Bwana, kuna
wat'u wangi walio kuokokani? Akawambia:

24 Fanyani jitihadi mngie katika mlango
mwembamba; kwani nawambia kwamba kuna
wangi watakaotafuta kuungia, wasipate.

25 Wakati atakaposimama mwenyi nyumba
na kuufunga mlango, nanywi muanzapo kusi-
mama n'de na kuubisha mlango, mseme,
Bwana, tufungulie; wakati huo atajibu awa-
mbie, Siwajui mtokapo.

26 Ndipo mtakapoanza kusema, Swiswi tuli-

hukirya hukinwa mbere-zo, na-we ukifundya mwehu kahi ya ngira bomu.

27 Na-ye yundamwamba, Simumanya mu-la'ko : ukani muahuke kure na-mi nyosini ahen*d*i a ui.

28 Haho kundak*a*la na kiriro na kuluma meno maka*t*i mundihom'ona Abarahamu na Isaaki na Jakobo na ambirizi osini ma kahi ya ushaha wa Mulungu, kuno enye munatsufwa-ndze.

29 Mandakudza na mala'o maomborero ga dzua na mutswerero-we, na vuri-ni na mwaka--ni, kudza kukel*e*si chakurya-ni kahi ya ushaha wa Mulungu.

30 Na-nwi l*o*la-ni kuna at'u a nyuma ma-ndiok*a*la a mbere, na a mbere mandiok*a*la a nyuma.

31 Na murongo uryat'u mám'kwendera at'u nganya asiku hat'u ha Mafarisi, makimwamba: Uka uombole kuno, k*w*ani Hero*d*e yuna-m*a*la kuk*w*al*a*ga.

32 Akiambira, Endani mukamwambire yuya mbawa, Lola, rero na machero mimi ni kuo-mboza p'ep'o na kuhenda uhozi, na s*i*ku ya hahu ndo ni*t*imizwaho.

33 *E*la hamwenga na gaga gosi, rero na machero na muhondo niagirwe ni k*w*enenda ; k*w*a kuk*a*la k'azha*d*imika kuangamika mwa-mbirizi yuchere-ndze ya Jerusalem'.

34 Hewe Jerusalem', Jerusalem', ial*a*gayo ambirizi na kuap*i*ga na mawe idzioreherwa

kula tukinwa mbele zako, nawe ukifunza kwetu katika ndia k'uu.

27 Nae atawambia, Siwajui mtokapo : ondokani mbali nami nyot'e wafanyaji wa uovu.

28 Kutakuwa na vilio na kuuma meno wakati mtakapomuona Abaraham, na Isaaki, na Jakobo, na manabii wot'e wa mumo katika ufaume wa Mngu, wenyewe mkitupwa n'de.

29 Kutakuja wat'u watokao maawioni na matwioni, na kasikazini na kusini, kuja kuk'eti chakulani katika ufaume wa Mngu.

30 Nanywi angaliani, kuna wat'u wa nyuma watakaokuwa wa mbele, na wa mbele watakaokuwa nyuma.

31 Saa ile-ile wakamwendea Mafarisi kadhawakadha, wakamwambia, Ondoka utoke huku, kwani Herode ataka kuua.

32 Akawambia : Endani mkamwambie yule mbweha : Angalia, leo na kesho mimi huchomoa p'epo na kutenda upozi, nami siku ya tatu hukamilika.

33 Pamoja na haya leo na kesho na kesho-kutwa imenipasa kwenenda : kwa kuwa haimkiniki kuangamia nabii akali n'nde ya Jerusalem.

34 Jerusalem, Jerusalem, iwauayo manabii na kuwapiga mawe ilioletewa kwakwe, mimi

kwakwe, mimi k'ana nyingahi dzakala kumala
kuatsungumanya ahoho-o, here hviryat'u zha
k'uku na ana-e ts'i-ni ya mahaha-ge, muka-
kala k'am'hendzi.

35 Ii ndoyo, mudzarichirwa nyumba yenu!
Be namwámba, k'amundaniona ng'oo, hata
munene, Uhadzwa-t'o adzaye kwa dzina ra
Bwana.

UKOMO WA KUMI NA N'NE.

14. Be kwákala arihoangira nyumba-ni kwa
mumwenga-waho kahi ya aryat'u Mafarisi
abomu-abomu kwa siku ya Sabato, kwa kurya
chakurya, ao manam'lolera hvivi;

2 na-we lola, were haho nganya m'siku
udzam'kalira mbere-ze mwenye ukongo wa
fura.

3 Jesu akidzigidzyà, akinena na-o afundi a
uagirwi na Mafarisi, akiauza, Ndo hat'u ha
uagirwi kuhoza kwa siku ya Sabato?

4 O makinyamala. Iye na kum'gwira, aki-
m'hoza, akimwamulira ende.

5 Akiauza, Ni mut'u wani kwenu, akikala
yuna ndzowe-ye hedu ng'ombe-ye udzagwa
mutsara-ni, na-ye k'andamutizha haho henye
kwa siku ya Sabato?

6 Na k'amadimire kum'dzigidzya maneno
gaga.

7 Be akiambira funjo o marioifwa, aki-

mara ngapi nimetaka kuwakusanya watoto wako, mfano vilevile wa k'uku awakusanyavyo makinda yakwe t'ini ya mabawa yakwe, msikubali.

35 Hiyo ndiyo, mmeatiwa nyumba yenu! Basi nawambia kwamba hamnioni tena kamwe hata mseme, Amebarikiwa ajae kwa jina la Bwana.

MLANGO WA KUMI NA NNE.

14. Basi ilikuwa alipokwisha ngia katika nyumba ya mmoja-wapo katika wakuu wa Mafarisi kwa siku ya Sabato illi kula chakula, nao wamuangalia hivi;

2 nae huyo ndiye, mt'u mmoja mwenyi ugonjwa wa safura yu papo, amemkabili mbele yakwe.

3 Jesu akajibu, akasema nao wale walimu wa torati na Mafarisi, akawauza, Ndiyo halali kupoza kwa siku ya Sabato?

4 Wao wakanyamaa. Akamshika, akampoza, akampa ruhusa ya kuondoka.

5 Akawauza, Kwenu kuna mt'u gani, nae ng'ombe wakwe au p'unda wakwe ametubwikia kisimani, wala hamuopoi mara ile kwa siku ya Sabato?

6 Nao hawakupata kuyajibu maneno haya.

7 Basi akawambia fumbo wale walioitwa,

S.

75

tsundza hvizho matsagulazho vikalo zha mbere, akiambira.

8 Undihoifwa ni mut'u kwenda harusi-ni, usende ukakelesi vikalo zha mbere : p'ore ikakala udzaifwa mut'u mwenye nguma kukukira uwe,

9 akadza iye adziyemwiha nyosi akakwambira, Muhise yuno ; uwe ukadza gwira hat'u ha nyuma henye-henye kwa kuona haya.

10 Ela uwe undihoifwa, enda ukakelesi hat'u ha nyuma, vikale kwamba, andihokudza iye ariyekwiha, iye kukwambira, M'sena, sengerera ku mbere, na-we ukale na ishima mbere za andzi-o mukelesio nyosi.

11 Kwa kukala kila mut'u adzikunyaye mwenye utserezwa, na adzitserezaye ukunywa.

12 Akimwambira na-ye ariiyemwiha, Undihohenda chunga hedu kilaliro cha sadaka, utsaiha asena-o, hedu ndugu-zo, hedu mbari--zo, hedu atoi-o enye mali; p'ore ao makakwiha kaheri kwa ut'u wa hvizho zhako, ukapata mariho.

13 Ela uwe undihohenda sadaka, aihe akiya, na enye vigut'u, na vidende, na atsowi a matso :

14 na-we undakala na nyoha ya Mulungu, kwa hvizho masizhokala na cha kukuriha ano : kwani undapata kurifwa-ko kufufuka-ni kwa enye ujeri.

aki*t*unza hivyo wa*t*auavyo makao ya mbele, akawambia :

8 U*t*akapoalikwa ni mt′u kwenda harusini usik′e*t*i makazi ya mbele; isije ikawa ame-alikwa mt′u mwenyi kuhishimiwa zai*d*i ya wewe,

9 kisha akaja yule aliyewaalika nyo*t*′e, aka-kwambia, Mpishe huyu: ukawa kushika pahali pa nyuma sana kwa ku*t*ahayari.

10 Lakini wewe u*t*akapoalikwa, enda ukakae pale nyuma, illi ajapo yule aliyekualika, akwa-mbie, Rafiki songea mbele p′un*d*e; ndipo nawe u*t*akapokuwa na hishima mbele za wat′u wo*t*′e waliok′e*t*i nawe.

11 Kwa kuwa killa mwenyi kuji*t*ukuza a*t*a-kwenda *t*wezwa, na mwenyi kuji*t*weza a*t*a-*t*ukuzwa.

12 Basi nae akamwambia yule aliyemwalika: U*t*akapofanya chakula cha asubuhi au cha m*t*ana, usiwete rafiki zako, wala nduguzo, wala jamaa zako, wala jirani zako wenyi mali; wasije wakakualika nawe ba*d*ala yakwe, ukapata malipo.

13 Lakini ufanyapo karamu, wete masikini, vigwit′u, wenyi viguu, vipofu;

14 nawe u*t*akuwa na raha, kwa kuwa ha-wana la kukulipa hao: kwani malipo yako u*t*akuja yapata kufufuliwani kwa wenyi haki.

15 Be yunas*i*kira hvivi mumwenga waho aryat'u mariok*e*lesi na-ye osini chakurya-ni, akimwamba, Baha iye, andiyekurya chakurya kahi ya ushaha wa Mulungu.

16 Akimwamba, Wák*a*la nganya m'siku kuhenda sa*d*aka bomu, akiiha at'u anji.

17 Ha*t*a maka*t*i ga chakurya kuriwa aki-m'huma muhumiki-we akaambire o maroifwa, Ndzoni, k*w*a kuk*a*la zhakurya vidzakala.

18 O makiaha kum'lazhizha k*i*la mut'u kisingo-che cha kudzisingizira. Yuno wa mbere wámwamba, Mino dzagula munda, su*t*i nende nikaul*o*le: nakum*a*la unirichire.

19 Mwandzi-we akiamba, Dzagula ng'ombe kumi mbiri-mbiri; be nende nikazij*e*ze: naku-m*a*la unirichire.

20 Mungine akiamba, Dzal*o*la muche, be ndo kuno kutsa*d*ima kudza mino.

21 Be yuya muhumiki akifika k*w*a bwana--we, akimp'a u*w*oro maut'u garyat'u. Akitsu-kirwa yuyat'u mwenye-ts'i, akimwamba mu-humiki-we, Omb*o*la kimoho-moho, uende ngira bomu na mihala ya mudzi, ukaahale akiya na enye vigut'u na marofwa matso na vidende ukaarehe mu ndani.

22 Ye muhumiki akiamba, Bwana, gadza-hendeka go udzigoamula; kaheri hachere na makalo ha*t*a hvikara.

23 Bwana akimwambira muhumiki, Omb*o*la uende ngira za cha-ndze na za k'anda-k'anda, ukaaangize hamwenga na kuahendya nguvu, k*w*amba nyumba yangu ipate kuadzala *t*ele.

15 Aliposikia mambo yale mmoja-wapo katika wale waliok'eti nae chakulani, alimwambia, Raha ndakwe atakaekula chakula katika ufaume wa Mngu.

16 Akamwambia, Mt'u mmoja alikuwa kufanya karamu k'uu, akaalika wat'u wangi.

17 Hata wakati wa kula chakula alimtuma mtumwa wakwe ende akawambie wale walioalikwa, Ndoni, kwa kuwa vyakula viko tayari.

18 Wakaanza kutoa udhuru wot'e kwa nia moja. Wa kwanza alimwambia, Nimenunua shamba, nami sharuti nende nikaliangalie: tafadhali unisamehe.

19 Akasema mwengine, Nimenunua ng'ombe jozi t'ano, nami nenda kuzijaribu: tafadhali unisamehe.

20 Mwengine akasema, Nimeoa mke, ndipo nami nisiweze kuja.

21 Akenda yule mtumwa, akamuarifu bwana wakwe mambo haya. Ndipo akakasirika yule mwenyi-nyumba, akamwambia mtumwa wakwe, Toka upesi, uende ndia k'uu na mitaa ya mji, ukawatwae masikini na vigwit'u na vipofu na viguu, ukawalete ndani.

22 Akasema yule mtumwa, Bwana, hayo uliyoagiza yansha tendeka: hata sasa ikaliko nafasi.

23 Yule bwana akamwambia mtumishi, Toka uende ndia za n'de na mipakani, ukawatenze nguvu wangie ndani, nyumba yangu ipate jaa tele.

24 Kwani namwámba, kahi ya alume arya marioifwa k'ahana mumwenga andiyetata chakurya changu.

25 Makim'tuwa mitunganano mibomu; akidengereka, akierekeza, akiamba:

26 Mut'u akinidzirira kwangu, asihokala ni mwenye kum'zira baba-ye na mamiye na muche-we na ana-e, na ndugu-ze alume na ndugu-ze ache, na m'oyo-we mwenye: k'adima kukala mufundwi wangu yuno.

27 Mut'u wosi asiyeutsukula muhi-we wa kukinganywa akadza akanituwira nyuma yangu, k'adima kukala mufundwi wangu.

28 Kwani mwenu kuna mut'u wani amalaye kuaka munara, na-ye kwandza k'akelesi kwa kuhenda matalo hat'u ha kadiri-ke, kala yuna cha kuumarigisa-t'o:

29 P'ore nyuma ya kuutsimba maina o munara-we, haho akalaho k'adima kuumarigisa, at'u osi madzioona maut'u garyat'u makakala kum'tsea,

30 manene kwamba, Mut'u yuyu udzaaha kuaka, na k'adimire kumarigisa.

31 Hedu kuna shaha wani endaye m'piga viha shaha mwandzi-we, asihokelesi kwandza kumala kuhenda njama kala yundaadima na at'u magana-kumi lwa-kumi kwenda onana na-ye am'dziriraye na at'u magana-kumi lwa-makumi-meri?

32 Na-ye akikala k'aadima, ni kulazha uhumwi akam'hirikira yuyat'u yuchere kure zhomu, mende makamumale maneno ga kurya udheri.

24 Kwani nawambia kwamba katika waume hao walioalikwa, hapana mmoja atakaeonda chakula changu kamwé.

25 Wakamwandamia mak'utano makuu; akageuka akawalekeza, akawambia:

26 Mt'u akinijia kwangu, asipomtukia babae na mamae, na mkewe na wanawe, na nduguze waume na wake, na maisha yakwe nayo: hawezi huyo kuwa mwanafunzi wangu.

27 Mt'u yo yot'e asiyeutukua msalaba wakwe akaja nyuma yangu, hawezi kuwa mwanafunzi wangu.

28 Kwani kwenu kuna mt'u gani atakac jenga mnara, nae kwanza hak'eti akafanya hisabu, kwamba yuna cha kuutimiza?

29 Asije akawa hawezi kuumaliza baada ya kuupiga msingi, kisha akenda tekwa ni wat'u wot'e walioona mambo yale,

30 akaambiwa: Mt'u huyu alianza kujenga, ikamshinda kumaliza.

31 Au kuna mfaume gani endae kumpiga vita mfaume mwenziwe, nae kwanza hak'eti akafanya shauri, kwamba aweza yeye na wat'u asharat-alafu kwenda kumk'uta amjiae na wat'u ishirini alfu?

32 Nae akiwa hawezi, hutoa ujumbe akampelekea yule akali mbali sana, kwa kumtaka sharuti za amani.

33 Be ni hvizho zhenye, na kila mumwenga wenu asiyericha zhosi arizho na-zho, k'adima kukala mufundwi wangu.

34 Be, munyu ni kit'u kidzo: ela kaheri kala o munyu udzahola kutsama-kwe, undatsanywa na inoni?

35 K'aufwaha munda, k'aufwaha dzala; ela at'u ni kuutsuha-ndze. Mwenye masikiro ga kusikira ni asikire.

UKOMO WA KUMI NA TS'ANO.

15. Be apizi a ts'andzi na enye dambi mere makim'sengerera kumala kum'sirikiza,

2 makinung'unika o Mafarisi, ao na aori kaheri: makiamba, Iye ukaribisha enye dambi, kidza ni kurya na-o.

3 Akiambira funjo ii: akiamba,

4 Kuna mut'u wani mwenu mwenye mbuzi gana za ng'ondzi, hata ikikala mwenga-we idzamwangamikira k'andaricha zirya makumi--chenda na mbuzi chenda muryat'u weru-ni, ende akamumale-male yuya adziyeangamika, hata am'one?

5 Na-ye akidza m'ona, udzihika dzulu ya vituro achererwa.

6 Hata unafika kwakwe nyumba-ni, uaiha asena-e na at'u makelesio hehi na hehi, akaambira, Ererwani hamwenga na-mi, kwa ku-

33 Ndiyo yaliyo, basi, na killa mmoja wenu asiyea*t*a vyo*t'*e alivyo navyo hawezi kuwa mwanafunzi wangu.

34 Basi mu*n*yu ni kit'u chema : lakini ule mu*n*yu kwamba ume*t*okwa ni *t*amu yakwe, hutiwaje *t*amu *t*ena?

35 Haufai n*t'*i, haufai jaa : wat'u huu*t*upa n*d*e.   Mwenyi masikio ya kusikia nasikie.

MLANGO WA KUMI NA *T'*ANO.

15. BASI wa*t*ozi wa nyushuru na wenyi dhambi walikuwa kumsongelea kwa ku-msikiza :

2 wakanung'unika Mafarisi na waan*d*ishi, wakisema, Huyu yuawakaribisha wenyi dha-mbi, *t*ena yuala nao.

3 Akawambia fumbo hii : akasema,

4 Kwenu kuna mt'u gani mwenyi k'on*d*oo mia, nae akiwa amempo*t*ea mmoja-wapo ha-waa*t*i wale *t*isia wa *t*isiini mle barani, ake-nda akam*t*afu*t*a-*t*afu*t*a yule aliyepo*t*ea hata amuone?

5 Nae akisha muona, hujitweka mabegani mwakwe kwa kufurahi.

6 Kisha afikapo nyumbani kwakwe, huweta rafikize na jirani, akawambia, Furahiwani

k*a*la dzaiona irya mbuzi yangu ya ng'ondzi iriyoangamika.

7 Namwámba kwamba ni hvizho zhenye, ku-ndak*a*la na kuererwa kahi ya mulungu-ni kwa ut'u wa mut'u mumwenga mwenye *d*ambi adziyekolwa ni ut'u-we ui, kukirà zha at'u makumi-chenda na chenda enye ujeri masio-k*a*la at'u a kukolwa na ut'u.

8 He*d*u kuna mut'u-muche wani, yuna rupia kumi, na-ye akik*a*la udzaangamiza rupia mwenga k'aasa tsala, akashera kahi ya nyu-mba, akaim*a*la-mala kwa kikani ha*t*a aione :

9 ha*t*a akiiona hvivi, uatsungumanya asena--e ache na at'u-ache andzi-e, akaamba, Ere-rwani na-mi, kwa kuk*a*la dzaiona yo rupia iriyonangamika.

10 Namwámba, ha*t*a ko kwa malaika-e Mwe-nye-Mulungu kuna kuererwa hvizho kwa ut'u wa mu*d*ambi mumwenga akolwaye.

11 Akiamba : Were nganya m'siku na ana-e at'u airi ana-alume.

12 Yuyat'u mu*t*ite akimwamba baba-ye, Baba, p'a riro fungu ra mali rindironi*t*ulukira. Akiagazhizha vit'u-zhe.

13 Ha*t*a nyuma za s*i*ku mbiri-t'ahu yuya mu*t*ite akidza tsungamanya zhosi, akitsa-mira ts'i-ya kure, achenda tsamula-tsamula vit'u-zhe ts'i-irya na ut'u wa ukware.

14 Ha*t*a unavigonya zhosi, ichangira gumbo bomu ts'i irya, akik*a*la mutsowi.

nami, kwa kuwa nimekwisha muona yule k'o-
ndoo wangu aliyepotea.

7 Nawambia kwamba kutakuwa na furaha
mbinguni vivyo hivyo kwa ajili ya mt'u mmoja
mwenyi dhambi atubuye, zaidi ya itakavyo-
kuwa kwa wat'u tisia wa tisiini wenyi haki
wasio haja ya kutubu.

8 Au kuna mwanamke gani mwenyi rupia
kumi, nae apotewapo ni rupia moja hawashi
taa akafyagia katika nyumba, akatafuta kwa
bidii hata aione?

9 nae akisha iona, huwakusanya rafikize
wake na wanawake jirani wakwe, akawambia,
Furahiwani nami, kwa kuwa nimeiona rupia
ile iliyonipotea.

10 Nawambia hata kwa malaika wa Mngu
kuna furaha vivyo hivyo kwa ajili ya mt'u
mmoja mwenyi dhambi atubuye.

11 Akasema: Aliondoka mt'u mmoja yuna
wanawe wat'u wawili wanawaume.

12 Yule mwana mdogo akamwambia babae,
Baba nipa fungu la mali kama litakaloni-
angukia. Akawagawia vit'u vyakwe.

13 Hata baada ya siku mbili-t'atu, yule
mdogo akakusanya vyot'e, akaguria nt'i ya
mbali, akatap'anyia mali yakwe huko kwa
menenzi ya uhasharati.

14 Alipokwisha toa vyot'e, ilingia ndaa k'uu
nt'i ile, akawa muhitaji.

15 Achenda gwirana na mut'u mumwenga kahi ya aryat'u enye-mudzi, na-ye akim'huma vue-ni kwakwe kwenda risa nguluwe.

16 Akikala ku-aza-aza adzakushe makanda ziryago nguluwe, na mut'u k'amup'ere kit'u ng'oo.

17 Akiririkana, akiamba, Ni at'u angahi a baba enye kup'ewa mafungu-mafungu, maro na mikahe ya kuawaiza na kusala, na-mi haha ninaangamika kwa ndzala.

18 Niuke nende kwa baba nikamwambire, Baba, dzakosa dzulu ya ha-Mulungu na mbere-zo.

19 Sadima kaheri kuifwa mwana-o: nihenda here dza mumwenga kahi ya ano ahumiki-o a mafungu.

20 Akiuka, achenda kwa baba-ye. Hata yuchere kure, baba-ye wam'ona, akim'hendera mbazi, achenda malo, akim'gulukira dzulu ya singo-ye, akim'tsudza-tsudza.

21 Yuya mwana akimwamba, Baba, dzakosa dzulu ya ha-Mulungu na kwako uwe; sadima kaheri kuifwa mwana-o.

22 Ye baba akiamba asunye-e, Haraka! kam'lazhizheni amba ririro ridzo, mumuvwike, mukamup'e p'ehe mukono-ni-mwe, na virahu maguluni-mwe.

23 Kam'haleni ndzao, irya ya kunona, mukam'tsindze: na-swi hurye zhakurya, ni fwererwe-t'o:

24 kwa hvizho adzizhokala mwanangu yuyu yufwere akakala m'oyo, uangamikire akaoneka. Makikala kuererwa-t'o.

15 Akenda akajitegemeza kwa mmoja-wapo katika wenyeji wa nt'i ile. Nae akampeleka katika vue lakwe kwenda kulisha ngue.

16 Akawa kutamani kushiba maganda walayo ngue, wala hapana aliyempa k'itu.

17 Akazingatia moyoni mwakwe, akasema, Ni watumishi wangapi wa baba wenyi kuajiriwa walio na chakula kimwai, nami hapa ni katika kupotea hivi kwa ndaa.

18 Niondoke, nende kwa baba hamwambie, Baba, nnakosa juu ya mbingu na mbele zako.

19 Sisitahili tena kuitwa mwanayo: nifanya kama mmoja katika hao watumishi wako wa ujira.

20 Akaondoka, akenda kwa babae. Alipokuwa akali mbali, babae alimuona, akangiwa ni huruma, akenda mbiyo akamruk'ia katika shingo yakwe, akambusu-busu.

21 Yule mwana akamwambia, Baba, nnakosa juu ya mbingu na kwako wewe: sisitahili tena kuitwa mwanayo.

22 Babae akawambia watumwa wakwe, Endani haraka kamtoleeni joho lililo bora mumvike, mpeni na p'ete mkononi mwakwe, na viatu maguuni mwakwe.

23 Kamtwaeni mwana wa ng'ombe, yule wa kunona, mkamtinde: naswi tule vyakula tufanye na sherehe:

24 kwa kuwa huyu mwanangu alikuwa amekufa, nae amehuika; alikuwa amepotea, nae ameonekana. Ikawa kufanya sherehe.

25 Be ye mwana mukulu were munda-ni, hata unenda hvivi akifikira hehi ho mudzi--ni, akisikira wira na kuvwina.

26 Akimwiha mumwenga-waho kahi ya atumwa, akim'uza, Ni maut'u gani higo?

27 Akimwamba, Yuya ndugu-yo yudzire, baba-yo akam'tsindzira ndzao irya ya kunona kwa hvirya adzizhouya kwehu m'zima.

28 Akitsukirwa akikahala kuangira. Baba--ye akim'dhana, akim'dhedheja.

29 Ye akim'dzigidzya baba-ye, akimwamba, Lola, dzakuhumikira myaka mingahi, na sidzakosa malamulo-go hata mwenga-waho, uwe k'udzanip'a kabuzi nikaererwe na asenangu.

30 Ela kaheri hvivi adzirezho yu mwana-o ariyerya vit'u-zho na ano mbuya-e, hambe unam'tsindzira ndzao munono.

31 Akimwamba, Mwanangu uwe siku zosi u hamwenga na-mi, na kila niricho na-cho ni chako uwe.

32 Kaheri zhagirwe kuererwa-t'o na kufwahirwa, kua kukala yuyu ndugu-yo yufwere akakala m'oyo, were udzaangamika akaoneka lwa-hiri.

UKOMO WA KUMI NA T'ANDAHU.

16. AKINENA na o afundwi-e, akiamba. Wákala nganya m'siku na mumanyiriri-we, akisemwa kwakwe kukala utsamula vit'u-zhe.

25 Basi yule mwanawe mkubwa alikuwa shamba; akenda hivi alipopata karibu na nyumba akasikia ngoma, wat'u wateza.

26 Akamwita mmoja-wapo katika watwana akamuuza, Ni mambo gani hayo?

27 Akamwambia, Yule nduguyo amekuja, hata babaako amemtindia mwana wa ng'ombe yule aliyenona, kwa kuwa amerudi kwetu salama.

28 Akakasirika, akakataa kukaribia ndani. Babae akamtokea n'de, akamsihi.

29 Akamjibu babae, akamwambia, Nimeku-tumikia mimi myaka mingapi hii, sijakosapo amri yako, wala hujanipa mwana-mbuzi, ha-fanye sherehe mimi na rafikizangu.

30 Lakini hivi alivyokuja mwanayo huyu aliyekula vit'u vyako na makahaba, kumbe unamtindia mwana wa ng'ombe wa kunona.

31 Akamwambia, Mwanangu wewe u pamoja nami daima, na killa nlicho nacho ni chako.

32 Tena kufanya sherehe na kufurahiwa ilikuwa ni haki, kwa kuwa huyu nduguyo alikuwa amekufa, nae amekuwa hai: alikuwa amepotea, nae ameonekana.

MLANGO WA KUMI NA SITA.

16. AKASEMA na wanafunzi nao, akawambia, Mt'u mmoja mwenyi mali alikuwa na msima-mizi wakwe, akashitakiwa kwakwe kuwa yua-tap'anya mali yakwe.

2 Akimwiha, akimwamba, Ni maut'u gani gago nisikirago kwako? Niudziza matalo ga umanyiriri-o, kwani k'undaadima kuvimanyi-rira kaheri vit'u zhangu.

3 Ye mumanyiriri akiamba mwakwe m'oyo--ni, Nihende-dze? na bwana-wangu uniusiza umanyiriri. Kurima, sina muhuye: kuhvoya at'u, nina haya.

4 Dzamanya nindizhohenda mimi, kwamba haho niuswaho kahi ya umanyiriri madze maniangize mwao nyumba-ni.

5 Akiaiha arya adeni a bwana-we madze kwakwe kila mumwenga-waho, akimwamba wa kwandza, Unairwa-ni ni bwanawangu?

6 Akimwamba, Masimikiro gana ga mafuha. Akimwamba, Gwira gano maoro-go ukelesi haraka uore mirongo-mitsano.

7 Kidza akimwamba mwandzi-we, Na-we unairwa-ni? Akimwamba, Jizila gana za mutsere. Akimwamba, Gwira gano maoro-go uore mirongo-mine.

8 Ye bwana akim'lika mumanyiriri mwenye kukenga-kenga kwa hviryat'u adzizhohenda ulachu; kwa kukala ana a urumwengu uu kahi ya lukolo lwao ni alachu kuakira ana a mulangaza.

9 Na-mi namwamba, Hendani usena na Ma-mon' ga ukengi-ukengi, kwamba gandihotso-weka gaga, madze mamuangize kahi ya vigojo zha kare na kare.

10 Arive mut'u mukuluhirwi hat'u ha ut'u

2 Akamwita, akamwambia, Ni mambo gani
hayo nisikiayo kwako ? *T*oa hiyo hisabu ya
usimamizi wako, kwani huwezi *t*ena kusima-
mia mali yangu.

3 Yule msimamizi akasema moyoni mwakwe,
Nifanyeje ? na bwana wangu yuaninyang'anya
usimamizi. Kulima, sina nguvu : kuomba
wat'u, naona haya.

4 Nimejua ni*t*akalofanya illi kwamba waka*t*i
niondolewapo katika usimamizi waje wanikari-
bishe nyumbani mwao.

5 Akawe*t*a wale wa*d*eni wa bwana wakwe
waje kwakwe killa mmoja. Akamwambia
yule wa kwanza, Wawiwani ni bwana wangu ?

6 Akamwambia, Makasiki mia ya mafuta.
Akamwambia, Shika hiyo ha*t*i yako, upesi
uk'e*t*i *t*'ini ukaan*d*ike hamsini.

7 Kisha akamwambia mwenziwe, Nawe wa-
wiwani ? akamwambia, Jizila mia za nganu.
Akamwambia, Shika hiyo ha*t*i yako ukaan*d*ike
arubaini.

8 Yule bwana akamsifu msimamizi mwenyi
u*th*alimu, kwa vile alivyofanya akili ; kwa
kuwa wana wa ulimwengu huu katika kizazi
chao huwa na akili zai*d*i ya wana wa
mwanga.

9 Nami nawambia, Fanyani urafiki na Ma-
mon ya u*th*alimu, illi kwamba ya*t*akapoko-
sekana haya, waje wawatie katika hema za
milele.

10 Aliye mwaminifu katika neno lililo dogo

uchache sana, na hat'u ha ut'u unji ukala mukuluhirwi hvizho; kaheri ariye na ukengi hat'u ha ut'u uchache, na hat'u ha ut'u unji ukala na ukengi.

11 Be kala k'amwere at'u akuluhirwi hat'u ha Mamon' genye kukenga, andiyemuikira mwenu go mali ga jeri ni hani ye?

12 Na-nwi kala k'amwere akuluhirwi kwa mali ga at'u, ni hani andiyeap'a gambago ni genu enye?

13 K'akuna muhumiki aadimaye kuahumikira mabwana airi; kwani hangine yundam'hendza yuyu am'zire yuno, hedu ni kugwirana na yuyu, akamuwudhya yuno. K'amwadima kum'humikira Mulungu na Mamon'.

14 Hata arya Mafarisi makihosikira gaga, na-o ni at'u amwenga enye kuhendza mali, makim'tsea.

15 Akiamba, Ninwi mu enye kudzip'a ujeri mbere za at'u, ela kaheri Mwenye-Mulungu yunamumanya myoyo yenu: kwa kukala garigoanuka kwa at'u ni kukala matsukizo mbere za Mulungu.

16 Uagirwi na ambirizi gákala muhaka Johan'ne, ndo urihokala kujenezwa uworo-wa--t'o wa ushaha wa Mulungu; na-o kila mut'u wosi uwangira kwa nguvu.

17 Ela kaheri kuyaya ga dzulu na ga ts'i--ni ni ut'u uchache here kufuwa u uagirwi hata kapalata-ke kamwenga.

18 Mut'u wosi mwenye kumuricha muche-we

sana, nae huwa mwaminifu katika lililo kuu;
*t*ena aliye *th*alimu katika neno dogo, nae
huwa *th*alimu katika lililo kuu.

11 Basi kwamba hamkuwa waaminifu ka-
*t*ika Mamon yenyi u*th*alimu, n nani atakae-
wapa amana hayo mali ya kweli?

12 Nanywi kwamba hamkuwa waaminifu na
mali ya wat'u, n nani atakaewapa ambayo ni
yenu wenyewe?

13 Hakuna mtumishi awezae kuwatumikia
mabwana wawili; kwani pengine a*t*am*t*ukia
huyu ampen*d*e huyu, au a*t*ashikamana na
huyu amdharau huyu. Hamwezi kumtumikia
Mngu na Mamon.

14 Basi Mafarisi waliposikia maneno haya
ʒo*t*e, nao hawa ni wat'u wamoja wenyi ku-
pen*d*a fe*dh*a, walim*dh*ihaki.

15 Akawambia, Nywinywi mu wenyi kujipa
haki mbele za wat'u, lakini Mngu awajua
myoyo yenu: kwa kuwa lililo*t*ukuka kwa
wat'u huwa ma*t*ukizo mbele ya Mngu.

16 *T*ora*t*i na manabii vilikwendelea mpaka
Johanne, ndipo ilipokuwa kutangazwa injili
ya ufaume wa Mngu: ikawa killa mt'u ni ku-
ungia kwa nguvu.

17 Lakini ku*t*anguka mbingu na nt'i ni
vyepesi, kama kuanguka nt'i nuku*t*a moja
iliyo katika *t*orati.

18 Killa amua*t*ae mkewe kisha akamuoa mke

na kum'lola mungine uzinga ; na-ye mwenye
kum'lola ye muche adziyerichwa ni mulume-
-we uzinga.

19 Be were nganya m'siku mwenye mali, aki-
vwala vitambi zha kadiri kanji na nguwo iriyo
mbidzo, yunatawala na kuererwa siku zosi,

20 na mut'u mumwenga mukiya dzina-re
uifwa Lazaro udzagwagwa muryango-ni hakwe,
yuna vironda,

21 yunamala kudzakusha virya vigwazho
kurya aryako mushaha : hata k'uro mana-
m'kwendera makimulamba mironda-ye.

22 Hata arihokufwa yuya mukiya, akikala
kutsukulwa ni malaika, machenda na-ye
kwenye laga ra Abaraham'. Na yuya mu-
shaha na-ye wáfwa, akizikwa.

23 Hata arihoanula matso-ge ko kuzimu,
akim'ona Abaraham' kwa kure, na Lazaro yu-
-ko kahi ya laga-re.

24 Akipiga lukululu, akiamba, Hewe baba
Abaraham', nionera mbazi ! um'hirike La-
zaro akidza tobya madzi ts'a-ya chala-che, adze
anihoze lurimi lwangu, kwani ninasirinywa
kahi ya lu luchemi lwa m'oho.

25 Ye Abaraham' akimwamba, Mwanangu,
kumbukira hviryat'u urizhohokera maut'u-go
madzo haryat'u urihokala m'oyo dzulu ya-ts'i,
na Lazaro wáhokera mai : na-ye hvivi uhu-
rizwa haha, uwe kaheri usirinywa.

26 Hamwenga na gaga, kahi-kahi ya kwehu
na kwenu mudzaangizwa ridzina rire, kwamba

G. 85

mngine yuazini : nae mwenyi kumuoa yule aliyeatwa ni mumewe yuazini.

19 Basi, palikuwa na mt'u mmoja mwenyi mali, akivaa nguo za rangi za thamani na katani njema, akifanya sherehe sana daima,

20 na masikini mmoja, jina lakwe akiitwa Lazaro, amebwagwa mlangoni pakwe, yuna madonda,

21 akitamani kushiba viangukavyo mezani pa tajiri : wakenda m'bwa wakamramba-ramba madonda yakwe.

22 Basi yule masikini akafa, akatukuliwa ni malaika, wakenda nae wakamtia katika kifua cha Abaraham. Na yule tajiri nae akafa, akazikwa.

23 Alipovua mato yakwe kule kuzimu, ali-muona Abaraham kwa mbali, na Lazaro ali kifuani mwakwe.

24 Akapaza sauti, akasema, Baba Abaraham hunihurumii! mpeleke Lazaro akisha tovya maji nt'a ya chanda chakwe, aje aniburudishe huu ulimi wangu, kwani nateswa katika mwale huu wa moto.

25 Abaraham akamwambia, Mwana kumbu-ka kwamba mambo yako mema uliyapokea hapo ulipokuwa hai duniani, na Lazaro nae alipatikana na mabaya : nae sasa hutuzwa hapa, wewe tena waumizwa.

26 Na haya yot'e, kwetu na kwenu pametiwa bop'o kuu kati-kati, illi watakao kutokahuku

mamalao kuuka ku kwehu kwenda kwenu
matsaadima, kaheri matsala' kuko makavukira
ku kwehu.

27 akimwamba, Nakuhvoya baba, um'hirike
kwehu mudzi-ni kwa baba,

28 kwani nina ndugu-zangu at'u atsano; be
ni ende akaalomborere, p'ore makadza ao
makaangira hat'u haha ha masirinyo.

29 Ye Abarahamu akinena, Mose mana-ye,
na ambirizi mana-o, ni maasirikize ao.

30 Akimwamba, 'A'a, baba Abarahamu, ela
mandihokwenderwa ni mut'u alaaye kuzimu
mandakolwa-t'o.

31 Akimwamba, Kala k'amaasirikiza Mose
na ambirizi, k'amandagwira maneno ga mut'u
hata alaaye kuzimu.

UKOMO WA KUMI NA FUNGAHE.

17. Be akiamba afundwi-e, Makwalo k'agana
hae-hae gandakudza; be ore-we mut'u iye
gandiyekudza na-ye.

2 Vingere baha kwakwe mu'tu iye akavwi-
kwa sago mwakwe singo-ni akatsufwa ridzina-
-ni, here kumukwaza atite aa mumwenga-waho.

3 Dzimanyirireni bai; ndugu-yo akikala
udzakukosa munenere; be akikolwa muri-
chire.

4 Na akikala udzakukosa k'ana fungahe
akikwambira Dzakosa, be murichire.

kupitia kwenu wasipate, na huko kwenu wat'u wasivukie huku.

27 Akamwambia, Nakuomba basi baba, umpeleke nyumbani kwa babaangu,

28 kwani nna nduguzangu wat'u watano, ende akawaonye, wasije wao wakangia pahali hapa pa mateso.

29 Abaraham akasema, Mose wanae, na manabii wanao, na wawasikize wao.

30 Akamwambia, La, baba Abaraham, lakini watakapokwendewa ni mt'u atokae kuzimu watatubu.

31 Akamwambia, Kwamba hawamsikizi Mose na manabii, hawatashika maneno ya mt'u hata atokae kuzimu.

MLANGO WA KUMI NA SABAA.

17. AKAWAMBIA wanafunzi wakwe, Makuazo hayana budi na kuja, lakini ole mbwakwe mt'u yajae nae!

2 Ingemfaa zaidi mt'u huyo kuvikwa jiwe la kusagia shingoni mwakwe, na kutupwa baharini, kama kumkuaza mmoja-wapo katika wadogo hawa.

3 Jilindeni nafusi zenu : nduguyo akiwa amefanya makosa, muonye ; akitubu msamehe.

4 Na akikukosa mara sabaa kwa siku moja, akarejea kwako mara sabaa, kwa kusema Nimetubu, msamehe.

5 Na ahumwi makimwambira Bwana, Fwongeze kuluhiro rehu:

6 ye Bwana akiamba, Kala muna kuluhiro kadiri ka t'embe ya haradali, mungawambira uno mukuyu, Ng'oka ukakazwe kahi ya madzi manji, na-o ungam'sirikiza.

7 Be ni hani kwenu ariye na muhumiki-we arimaye na jembe hedu arisaye, na-ye ho ala'ho m'nda-ni yundamwamba, Ndzoo ukelesi urye?

8 Na k'andamwamba, Nihendera-t'o zhakurya nirye, kidza udzifunge chuno udze unisengezeze zho zhakurya, hata nigonye kurya na kunwa, be ndo urye unwe mwenye.

9 Be yundakala na m'vera na-ye, kwa kukala udzahenda adzigoamulirwa? Hat-ta!

10 Na-nwi hvizho, mundihohenda mudzigoamulwa gosi, nenani, Siswi hu ahumiki husiofwaha; hudzahenda fwagirwego ni kugahenda.

11 Kwere ao manahamba hvivi kwenda Jerusalem', na-ye mwenye akikira kahi ya Samaria na Galili:

12 hata unangira kadzidzi kasiku, makionana na-ye at'u kumi enye mahana, at'u-alume, madzaima kwa kure;

13 makianula mimiro yao, makinena, Jesu, Hmwinyi, huhendere mbazi!

14 Akiaona, akiambira, Enendani mukadzionyese kwa alombi. O manenda hvivi makitsuswa.

5 Mitume wakamwambia Bwana, Tuongeze imani yetu.

6 Bwana akawambia, Kwamba mna imani kiasi cha t'embe ya haradali, mngewambia mforosaji huu, Ng'oka hapa ukatuliwe baharini, nao ungewasikiza.

7 Lakini n nani kwenu aliye na mtumwa mwenyi kulima kwa jembe la ng'ombe, au mwenyi kutunga, akamwambia wakati wa kurudi kwakwe k'ondeni, Ndoo hima uk'eti ule ?

8 Afudhali hamwambii : Nifanyia tayari chakula nile, kisha ujifunge kiuno uje unitumikie, hata nishe kula na kunwa, ndipo nawe ule unwe.

9 Atamwambia Ahasanta yule mtumwa, afanyapo yale aliyoagizwa ?

10 Nanywi vivyo mtakapokwisha fanya mliyoagizwa yot'e, semani, Tu watumwa wasio faida ; tumefanya iliyopasa kufanya.

11 Walipokuwa wakenda Jerusalem hivi, mwenyewe alikuwa kupita kati-kati ya Samaria na Galili :

12 nae alipongia katika kijiji kimoja, alionana na wakoma wat'u kumi wanawaume, wamesimama kwa mbali.

13 Wakapaza sauti, wakasema, Ewe Jesu, ewe bwana-mkubwa, tuhurumie !

14 Alipoona aliwambia, Endani mkajionyeshe kwa makuhani. Nao katika kuondoka kwao pale walisafiwa.

15 Hata mumwenga wao yunadziona udza-
tsuswa hvivi, akiuya, kuno yunamulika Mwe-
nye-Mulungu na mumiro mubomu.

16 Achenda m'gwerera magulu-ni hakwe
kiuso-uso, akim'hadza-t'o-hadza-t'o; na-ye were
M'samaria.

17 Ye Jesu akim'dzigidzya akimwamba,
K'amadzatsuswa at'u kumi? ela o chenda ma
hiho?

18 K'amaonekere kudza mup'a Mwenye-
-Mulungu nguma-ye asihokala yuyu mujeni?

19 Akimwamba, Uka uende, kuluhiro-ro
ridzakokola.

20 Hata yunauzwa ni Mafarisi, Undakudza
rini ushaha wa Mwenye-Mulungu? akiaudzya
akiamba, Ushaha wa Mwenye-Mulungu k'au-
dza kwa kulolerwa;

21 na k'amandanena, Lola, hano! hedu,
Hano! kwani lola, ushaha wa Mulungu u kahi
mwenu.

22 Akiamba afundwi-e, Indakudza siku
mundihokuririkana siku za mwana wa mu-
damu mwenga-waho muione: k'amundaiona.

23 Na-o mandamwamba, Lola, hano! hedu
Lola, hano! Mutsauka, kaheri mutsaatuwi-
ranya,

24 kwani ni kuhalana na lumete lumeta-
-metalo kula' kuno ts'i-ni mwa mulungu, lu-
chenda hata kuno ts'i-ni mwa mulungu, ndo
andizhokala mwana wa mudamu kwa siku-ye.

15 Mmoja katika wao alipojiona amepoa, alirudi, huku amsifu Mwenyiezi-Mngu kwa sauti k'uu.

16 Akenda akajibwaga maguuni pakwe, huku akimwambia Ahasanta; nae alikuwa Msamaria.

17 Jesu akajibu akasema, Hawakutakaswa wot'e kumi? Wale kenda wa wapi?

18 Hapana aliyeonekana kurudi kuja kumtolea Mwenyiezi-Mngu sifa, asipokuwa huyu, nae ni mgeni?

19 Akamwambia, Inuka uende: imani yako imekuokoa.

20 Hata alipouzwa ni Mafarisi, Wakati n lini, utakapokuja ufaume wa Mngu? aliwajibu, akawambia, Ufaume wa Mngu hauji kwa kutezamiwa;

21 Wala hawatasema, Ati! huko, au, Huko; kwani huo ndio ufaume wa Mngu, u ndani mwenu.

22 Basi akawambia wanafunzi, Zamani zitakuja mtakapotamani kuona siku moja katika siku za mwana wa mt'u, msiione.

23 Tena watawambia, Ati! huko, na Ati! huko; msiondoke pahali mlipo, wala msiwafuate;

24 kwani ni vivile kama umeme umeta--metao, utokao upande wa huku t'ini ya mbingu ukenda upande wa huku t'ini ya mbingu, ndivyo atakavyokuwa mwana wa mt'u kwa siku ya kuja kwakwe.

25 *E*la mbere za gaga, wagirwe iye akak'utywa ni maut'u manji na kukahalwa ni lukolo lulu.

26 Kaheri here garigokala kwa siku za Noa, ndo gandigokala na kwa siku za mwana wa mudamu:

27 mere makirya makinwa makilolana makilozanya, hata siku ariyokwera Noa kahi ya ridzombo, rikigwa ro rivo rikiaangamiza osi pia.

28 Ndo garigo, ni here garigokala kwa siku za Loti: at'u mere makirya makinwa makigula makiguza makilaya makiaka,

29 hata siku ariyouka Loti kahi ya Sodom', ikinya m'oho na kibiriti kula' mulungu-ni vikiaangamiza osi pia.

30 Ndo gandigokala genye-genye, kahi ya siku andiyogunulwa mwana wa mudamu.

31 Siku iyo mut'u ariye dzulu ya nyumba na viya-zhe vichere nyumba-ni asitserere kwenda vihala; na ariye m'nda-ni asiuye nyumba-ni.

32 Mukumbukireni Mukaza-Loti.

33 Andiyemala kuutizha uzima-we yundauangamiza, na-ye andiyeuangamiza yundaurera.

31 Namwamba usiku uo mandakala at'u airi dzulu ya uriri umwenga: mumwenga yundauswa, na mwandzi-we yundarichwa.

35 Ana-ache airi mandakala makisaga hamwenga, mumwenga yundauswa, mwandzi--we yundarichwa.

36 Ana-alume airi mandakala m'nda-ni, mumwenga yundauswa, na mwandzi-we yundarichwa.

25 Illa kabula ya haya imempasa kupatikana ni mambo mangi, na kukanwa ni kizazi hiki.

26 Kama vile ilivyokuwa kwa siku za Noa, ndivyo itakavyokuwa kwa siku za mwana wa mt'u:

27 walikula wakinwa, walioana wakiozana, hata siku aliyopanda Noa katika safina ilishuka gharika ikawaondoa wot'e.

28 Ndiyo yaliyo, ni mfano vivile yaliyokuwa katika siku za Loti, walikula wakinwa, walinunua wakiuza, walitulia miti, waliaka na majumba,

29 hata siku aliyotoka Loti katika Sodom ilikunya moto na kibiriti mbinguni, vikawaondoa wot'e.

30 Na siku ya mwana wa mt'u itakuwa mfano vivile wa yale.

31 Katika siku ile, aliye juu ya dari na vyombo vyakwe vili ndani ya nyumba nasishuke kwenda kuvitwaa; wala aliyekwenda shamba asirejee nyuma.

32 Mkumbukeni mkewe Loti.

33 Mt'u yo yot'e atakaeponya maisha yakwe, atayapoteza: na atakaeyapoteza, huyo atayaponya salama.

34 Nawambia, usiku huo watakuwa wat'u wawili kit'anda kimoja: mmoja atatwawa, mwenziwe ataatwa.

35 Watakuwa wanawake wawili wakisaga pamoja, mmoja atatwawa mwenziwe ataatwa.

36 Wat'u wawili watakuwa shamba, mmoja atatwawa, mwenziwe ataatwa.

37 Makim'dzigidzya, makimwamba, Bwana, ni hiho? Akiamba, Hariho na mufwadzi, na p'ungu ni kutungananira haho.

UKOMO WA KUMI NA NANE.

18. AKIAMBIRA funjo, dza kwamba zhagirwe siku zosi kuhvoya Mulungu na kutsafwa m'oyo.

2 Akiamba, Hákala na mwalam'zi nganya mudzi m'siku, k'aogoha Mulungu na k'amanyirira at'u.

3 Na mut'u-muche gungu were mudzi urya, akim'kwendera akimwamba, Nialamula-t'o na mui wangu.

4 Na-ye akikahala kipindi : ho nyuma-ze akinena mwakwe m'oyo-ni, Ningahokala sim'ogoha Mulungu na siamanyirira at'u,

5 ela hvivi adzazho akinisirinya yu mut'u--muche nindamwalamula-t'o, p'ore akaninyuk'ula ra dzitso akalaho kunidzirira hvivi siku zosi.

6 Bwana akiamba, M'sirikizeni anenago ye mwalam'zi wa kilume-lume.

7 Ehe, na Mwenye-Mulungu k'andaahendera-t'o malamulo ano atsagulwi-e mamuririrao usiku na m'tsana, angahokala ni kuavumirira?

8 Namwamba yundaahendera-t'o malamulo kwa kuyera: ela na gago gosi, andihokudza mwana wa mut'u yundaona hiho kuluhiro dzulu ya-ts'i ?

G.

37 Wakajibu, wakamwambia, Ni wapi, Bwana? Akawambia, Pahali penyi mzoga ndipo wak'utaniapo t'ai.

MLANGO WA KUMI NA NANE.

18. AKAWAMBIA fumbo, kana kwamba imepasa siku zot'e kuomba Mngu wala kutouawa moyo.

2 Akasema: Palikuwa na kadhi mji fulani, hachi Mngu, haangalii wat'u.

3 Na mwanamke mmoja mjane alikuwamo katika mji ule, akimwendea-endea yule kadhi, akimwambia, Niamua haki na mdawa wangu.

4 Nae siku kadhawakadha alikataa, mwisho wakwe akasema moyoni mwakwe, Nijapokuwa mimi simchi Mngu wala siangalii wat'u,

5 illa kwa hivi ajavyo akiniudhi mwanamke huyu, nitampa haki yakwe, asije akanipondaponda uso awapo kunijia hivi milele.

6 Bwana akasema, Msikizeni anenayo yeye kadhi wa uthalimu.

7 Ehe, nae Mwenyiezi-Mngu hatawaamua haki hao wateule wakwe wampigiao k'elele usiku na mtana, angawa huwavumilia?

8 Nawambia atawafanyia maamzi ya haki upesi: pamoja na haya atakapokuja mwana wa mt'u, ataiona wapi imani juu ya nt'i?

9 Akiambira funjo na at'u nganya asiku madzeremereo kwamba mana hachi ao, makiawudhya angine : akiambira funjo ii :

10 Máambuka at'u airi kwenda hasa Mulungu ko ridziza-ni : yuno ni Farisi, na yuno ni mupizi wa ts'andzi.

11 Ye Farisi wáima yunahvoya hvivi mwakwe m'oyo-ni : Hewe Mulungu, nina m'vera na-we kwa hvivi nisizhohalana na at'u angine : ahoki, maso ujeri, akware, hedu hata dza yuyu mupizi wa ts'andzi.

12 Mino kila jumwa siku mbiri ni kuzira chakurya; kaheri nalázha ts'andzi nipatazho zhosi kumi kwa mwenga, nikiap'a vit'u akiya.

13 Ye mupizi wa ts'andzi wimire kwa kure, k'asubutu hata kuanula matso-ge mulungu-ni, yunadzipiga makonde ga laga tu', akinena, Mulungu nihala kwa up'eho mudambi mino!

14 Namwámba, yuyu arihotserera kwenda kwakwe nyumba-ni were udzap'ewa ujeri kumukira mwandzi-we : kwa kukala kila mut'u wosi adzikunyaye utserezwa, na-ye adzitserezaye ukunywa.

15 Makim'rehera na o ahoho atsanga, kwamba aagut'e; hata afundwi-e manaona hvivi, makiachemera o enye.

16 Ye Jesu akiaiha madze kwakwe, akinena, Aricheni o ana manidzirire, mutsaakahaza; kwa kukala ushaha wa Mulungu ni wao here dza ao!

17 Ni jeri namwamba, mut'u wosi asiyeuho-

G.

9 Akawambia fumbo na wat'u fulani walio-jitegemea kana kwamba ni wenyi haki wao, wakiwadharau wenginewe; akawambia fumbo hii :

10 Walikwea wat'u wawili kwenda kusali hekaluni; mmoja ni Farisi, wa pili ni mtozaji wa nyushuru.

11 Yule Farisi akasimama akiomba moyoni mwakwe kama haya : Mngu nakwambia ahasanta kwa kuwa mimi si mfano wa wat'u wenginewe : wanyang'anyi, wasio haki, mahasharati, wala hata huyu mtozaji wa nyushuru.

12 Mimi hufunga ijumaa siku mbili, tena hutoa zaka nyushuru katika nipatavyo vyot'e.

13 Na yule mtozaji nae alisimama kwa mbali, hasubutu hata kuinua mato yakwe mbinguni, yuajipiga makonde ya kifua tuu, huku akisema, Mngu nisitiri mwenyi dhambi.

14 Nawambia, huyu alipoteremkia nyumbani kwakwe alikuwa amepawa haki ziada ya yule : kwa kuwa killa ajikwezaé hutwezwa, ajitwezae hukwezwa.

15 Wakamletea na vijana apate vigusa; wanafunzi walipoona neno lile wakawakemea.

16 Jesu akavita vije kwakwe, akasema, Watoto wadogo waateni waje kwangu, msiwakataze; kwani ufaume wa Mngu ni wao kama hao.

17 Hakika nawambia, mt'u asiyeupokea ufa-

kera ushaha wa Mulungu here dza muhoho mutite k'auangira ng'o!

18 Na mubomu wao nganya msiku wám'uza, Mufundi mudzo, nihende-ni kwamba nipate fungu mino kahi ya uzima wa kare na kare?

19 Ye Jesu akimwamba, Ni-ni kuniha mudzo? K'ahana mudzo asihokala mumwenga, ndeye Mulungu.

20 Unagamanya malagizo: Usialage, Usiiye, Usilazhe chodherwa cha ulongo, Muishimu baba-yo na mameyo.

21 Akimwamba, Maut'u gaga gosi nidzagatsundza hangu uhoho wangu.

22 Jesu akihosikira akimwamba, Uchere unatsowa ut'u umwenga: vit'u urizho na-zho viguze zhosi uagazhizhe akiya, ndo undihokala na vit'u ko mulungu-ni: na-we ndzoo unituwe!

23 Arihosikira garya akikala kigondzi sana, kwani were mupati muno.

24 Jesu arihoona hvirya akinena, Vindakala ut'u omu-dze! apati kuangira ndani ya ushaha wa Mulungu.

25 Kwani ni ut'u wangwangu ngamira kwangira kahi ya t'undu ya sindano here kwangira mupati ndani ya ushaha wa Mulungu.

26 Makinena o mariosikira, Hata aadimaye kuokoka ni hani?

27 Akiamba, Gasigoadimika kwa at'u ni kuadimika kwa Mwenye-Mulungu.

28 Ye Petero akinena, Lola, zho zhehu hudzaviricha, hudzakutuwa!

ume wa Mngu kama mtoto mdogo, haungii, awae yot'e.

18 Na mt'u mkubwa fulani alimuuza, Mwalimu mwema, nifanyeni illi nipate kurithi uzima wa milele.

19 Jesu akamwambia, Kwani kunita mwema ? Hapana mwema illa mmoja, nae ni Mngu.

20 Wazijua amri : Siue, Siibe, Sishuhudie zuri, Muhishimu babaako na mamaako,

21 Akamwambia, Haya yot'e nimeyatunza tangu ujana wangu.

22 Jesu aliposikia yale alimwambia, Neno moja ukali unapungukiwa nalo : uza ulivyo navyo vyot'e uwagawie masikini, nawe utakuwa na akiba mbinguni : tena uje unifuate.

23 Aliposikia yale alifanya hamu sana, kwani alikuwa mwenyi mali mangi mno.

24 Jesu alipoona vile, alisema, Jinsi itakavyokuwa shida wenyi mali kungia katika ufaume wa Mngu !

25 Kwani ngamia kungia katika t'undu ya sindano huwa ni vyepesi zaidi kama kungia mwenyi mali katika ufaume wa Mngu.

26 Wakasema wale waliosikia, Hata awezae kuokoka n nani :

27 Akasema, Yasiyowezekana kwa wat'u huwezekana kwa Mngu.

28 Petero akasema, Tezama, swiswi mambo yetu tumeyaata, tumekufuata.

29 Akiambira, Ni jeri namwámba, k'akuna mut'u adziyericha nyumba hedu muche hedu ndugu hedu azhere hedu ana kwa ut'u wa ushaha wa Mulungu,

30 isihokala urifwa zha kukira sana kahi ya makati gaga, na kahi ya urumwengu udzao uzima wa kare na kare.

31 Akiahala arya at'u kumi na airi, akiambira, Lolani, hunakwera hvivi hunenda Jerusalem', na go maut'u mwana wa mudamu arigoorerwa ni ambirizi gandakudza gatimire gosi.

32 Kwani yundaangizwa mikono-ni mwao at'u a k'olo, yundahenderwa m'zaha, awudhywe na kutsuhirwa mahe;

33 na-o makidza mupiga mukowa mandamwalaga: na kwa siku ya hahu yundaima kaheri.

34 O makikala k'amagasikira maut'u gago hata umwenga-waho, makifitswa neno riro, makatsamanya ut'u-we arigonenera.

35 Hata unafikira hehi ko Jeriko, were haho mut'u nganya mutsowi wa matso yukelesi hvivi k'anda ya ngira, yunahvoya at'u:

36 hata yunasikira at'u manakira ritundu rizima, akiuza ut'u-we.

37 Makim'ng'aziza kwamba akiraye ni Jesu Munazari.

38 Akipiga yowe, akinena, Hewe Jesu mwana wa Davidi, nionera mbazi!

29 Akawambia, Hakika yangu nawambia, ha-
kuna mt'u aliyeata nyumba au mke au ndugu
au wazee au wana kwa ajili ya ufaume wa Mngu,

30 isipokuwa atalipwa zaidi mara nyingi
katika zamani hizi, na katika ulimwengu ujao
uzima wa milele.

31 Akawatwaa wale wat'u kumi na wawili,
akawambia, Tezamani, hivi tu katika kukwea
kwenda Jerusalem, na aliyoandikiwa mwa-
na wa mt'u ni manabii yatakuja kutimia
yot'e.

32 Kwani atatiwa mikononi mwa mataifa,
tena atafanyiwa dhihaka, ataonewa na kute-
mewa mate:

33 nao wakisha mpiga mjeledi watamuua;
nae kwa siku ya tatu atafufuka.

34 Nayo hayakuwelea maneno yale hata
moja-wapo, neno lile likawafitamania, wasi-
tambue maana yakwe aliyonenea.

35 Hata alipopata karibu ya Jerikho, mt'u
mmoja kipofu alikuwa amek'eti hivi k'ando ya
ndia, akiomba sadaka:

36 nae aliposikia wat'u wapita kundi zima,
aliuliza maana yakwe.

37 Wakamweleza kwamba, Apitae ni Jesu
Mnazarethi.

38 Akapiga ukelele, akasema, Ewe Jesu
mwana wa Davidi, nirehemu!

39 Makim'chemera o mariotongodhya, maki-
mwamba anyamale. Ye akikaza sana kupiga
lukululu, Hewe mwana wa *Davidi*, nionera
mbazi!

40 Ye Jesu akiima, akilagiza areherwe kwakwe:
hata unam'kwendera hehi hvivi, akim'uza;

41 Unamala nikuhendere-ni? Akiamba,
Bwana, nipate kuona kaheri.

42 Na Jesu akimwamba, Ona kaheri: kulu-
hiro-ro ridzakokola.

43 Akiona kaheri haho henye, akikala ku-
mutuwa nyuma-ze, akimulika Mwenye-Mu-
lungu: hata enye-mudzi osi manaona hvivi
makim'tsukulira nguma Mwenye-Mulungu.

UKOMO WA KUMI NA CHENDA.

19. ACHANGIRA-TS'I ya Jeriko, akikira kahi.
2 Na-ye po! mut'u dzina-re uifwa Zakayo,
mubomu wao apizi a ts'andzi, ni mut'u
mupati,

3 were kumumala kum'ona ni mut'u wani ye
Jesu, na k'adimire kwa o muminyano wa at'u,
akikala ni kadzimo kafuti.

4 Be, wátongodhya mbere-ze malo, achenda
kwera dzulu ya mukuyu, kumala kum'ona;
kwa kukala yundakukira na ngira irya.

5 Hata Jesu yunahafikira harya akihirika
matso kurya dzulu, akim'ona; akimwamba,
Hewe Zakayo, tima-ts'i haraka, kwani rero
niagirwe ni kukala mwako nyumba-ni.

. 39 Wale waliotangulia wakamkanya, wakamwambia anyamae. Akazidi sana kupaza sauti yakwe: Ewe mwana wa *Davidi*, nirehemu!

40 Jesu akasimama, akaamru aletewe kwakwe, alipokwisha msongelea akamuuza,

41 Wa*t*aka nikufanyieni? Akamwambia, Bwana, nirejee kuona kwangu.

42 Jesu akamwambia, Rejea kuona kwako: imani yako imekuokoa.

43 Akarejea kuona kwakwe mara: akamuandama, huku akimsifu Mngu. Na wenyeji wot'e walipoona . neno lile walikuwa kum*t*ukulia hishima Mwenyiezi-Mngu.

MLANGO WA KUMI NA KENDA.

19. ALIPONGIA Jerikho, akipita katikati hivi, 2 huyo ndiye, mt'u mmoja jina lakwe akiitwa Zakheo, katika vi*t*wa vya wa*t*ozi wa ushuru, nae yuna mali.

3 Alikuwa huyo kum*t*afu*t*a Jesu ku*t*aka muona ni mt'u gani, asiweze kwa ajili ya msonge wa wat'u, kwa kuwa yeye ni mdogo wa kimo.

4 Akatangulia mbiyo-mbiyo, akenda akapanda juu ya mkuyu illi kumuona, kwa kuwa atakuja kupitia n*d*ia ile.

5 Jesu alipofika pahali pale, aliangalia juu, akamwambia, Ewe Zakheo, hima ushuke t'ini, kwani leo imenipasa kushinda nyumbani kwako.

6 Akihenda kutima-ts'i haraka, akimwangiza ndani kwa kuererwa.

7 Hata manamulola o at'u makinung'unika, makiamba, Udzaangira kwa mut'u mudambi udzakala mujeni-we.

8 Akiima ye Zakayo akimwamba Bwana, Bwana lola, vi vit'u zhangu fungu mwenga naap'a akia, kaheri nikikala dzam'kenga mut'u ut'u, nam'udziza k'ana n'ne.

9 Ye Jesu akimwamba kwamba, Rero idzakala na wokolwi nyumba ii, kwa hvivi arizho mwana wa Abarahamu yuyu.

10 Kwani udzire mwana wa mut'u kwa kukimala kicho kidzichoangamika na kukiokola.

11 Hata manasirikiza gaga o at'u, akianuriza akinena funjo, kwa kuryat'u kukala-kwe hehi na Jerusalem, na kuryat'u kuelelya kwao kwamba haha ndo undihoikwa lwazu ushaha wa Mulungu.

12 Be akiamba kwamba, Nganya m'siku mwana-zhale wáhamba, achenda-ts'i ya kure kwenda hala ushaha na kuuya nyuma.

13 Hata unaaiha ahumiki-e at'u kumi akiap'a riale kumi, akiaambira, Tsumani hata nidze.

14 O enye-mudzi-e makim'kahala, makim'hirikira at'u mamwendere nyuma-ze na uhumwi, makamwambe, K'ahum'hendza yuno akakala mwenye-ts'i dzulu yehu.

15 Hata unauya na o ushaha-we udzauhala, akiambira mende makaifwe arya ahumiki-e

6 Akafanya hima, akashuka, akamkaribisha kwa kufurahi.

7 Nao walipoona mambo yale walinung'unika wot'e, wakisema, Amem'wasilia mt'u mwenyi dhambi.

8 Akasimama Zakheo akamwambia Bwana, Angalia Bwana, nusu ya vit'u vyangu nawapa masikini, nami kwamba nimemngia mt'u kwa leba katika neno lo lot'e, namrejezea mara nne.

9 Jesu akamwambia, Leo imekuwa na wokofu nyumba hii, kwa kuwa yeye ni mwana wa Abaraham nae.

10 Kwani mwana wa mt'u alikuja kutafuta na kuokoa kilichopotea.

11 Wa katika kusikiza haya, akaongeza akawambia fumbo, kwa kule kupata kwakwe karibu ya Jerusalem, na kwa vile walivyothani kwamba mara utaonekana wazi ufaume wa Mngu.

12 Basi akamwambia, Aliondoka mt'u mmoja kabaila akenda nt'i ya mbali kwenda kutakabadhi ufaume na kurudi :

13 Akaweta wat'u kumi katika watumwa wakwe, akawapa ratili kumi za fedha, akawambia, Tumani hata nije.

14 Wakamtukia wale wenyeji wakwe, wakatuma wat'u wende wakamuandamie na ujumbe, waseme, Hatumtaki huyu atutawale.

15 Hata kisha aliporudi na ule ufaume wakwe amekwisha upokea, ilikuwa yeye kuwaamru

arioap'a yo fwedha, kwamba aamanye madza-
tsuma-dze.

16 Akidza iye wa mbere, akinena, Bwana, i
riale-yo idzahenda fwaida riale kumi.

17 Akimwamba, Ndo vidzo, muhumiki mu-
dzo: kwa hvivi udzizhokala mut'u wa kueje-
merwa na ut'u uchache, kala uwe na uenye-
-ts'i dzulu ya midzi kumi.

18 Akidza wa hiri akinena, I riale-yo Bwana
idzahenda riale ts'ano.

19 Akimwambira na-ye, Na-we kala dzulu
ya midzi mitsano.

20 Akidza mungine akimwamba, Bwana ino
ndo riale-yo ino, dzaika-t'o kidemu-ni:

21 kwani nere nikikogoha kwa hvizho uri-
zho mut'u m'omu, mwenye kuhala usizhoika,
na kuvuna usizholaya.

22 Akimwamba, Nindakwalamula kahi ya
mulomo-o, hewe muhumiki mui. Wánimanya
ndimi mut'u m'omu mino, nihalaye nisizhoika,
nivunaye nisizholaya:

23 be i fwedha yangu ní-ni kutsaahasa enye
dhora, hata haho nidzaho ningere kuihala ha-
mwenga na kindichokusala ?

24 Akiambira mariokalaho, Muusizeni yo
riale, mum'gere mwenye riale kumi.

25 Makimwamba, Bwana, yuna zo riale
kumi.

26 Namwámba jeri, kwamba kíla mwenye
kit'u up'ewa: na-ye asiye kit'u undausizwa
hata kicho aricho na-cho.

wende wakaitwe wale watumwa wakwe alio-
wapa fedha, illi awajue wamepataje kwa
utumi wao.

16 Akatokea yule wa kwanza, akasema,
Bwana, ratili yako imefanya ratili kumi tena.

17 Akamwambia, Ndivyo vyema, mtumwa
mwema wewe; kwa hivyo ulivyokuwa mua-
minifu kwa neno dogo sana, twaa na hukumu
juu ya miji kumi.

18 Akatokea na wa pili, akasema, Ratili
yako imefanya ratili t'ano, bwana.

19 Akamwambia nae, Nawe iwa juu ya miji
mitano.

20 Akaja mnginewe akasema, Bwana hii ndiyo
ratili yako nimeitia katika kitambaa nimeiweka:

21 kwani nalikuogopa kwa hivyo ulivyo
mt'u mgumu: waondoa usiyoweka, wavuna
usiyopanda.

22 Akamwambia, T'akuhukumia kanwa la-
ko, mtumwa mbaya wewe. Ulinijua kuwa
ni mgumu, niondoae nisiyoweka, nivunae
nisiyopanda:

23 ehe, fedha yangu mbona hukuitia kwa
watoao riba, nami hija hivi ningejilipiza pa-
moja na suudi yakwe?

24 Akawambia wale waliosimama k'ando,
Mnyang'anyeni ratili: mumpe mwenyi ratili
kumi.

25 Wakamwambia, Bwana, yuna ratili kumi.

26 Nawambia kwamba killa mwenyi nacho
atakuja pawa, na asiyekuwa nacho atanya-
ng'anywa hata alicho nacho.

27 *E*la kaheri arya ai angu marionikahala nikatsak*a*la mwenye-ts'i dzulu yao, kaahaleni mudze na-o haha, mukaatsindze mbere zangu.

28 Ha*t*a arihonena gaga, wák*a*la• kwenda mbere kuambuka kwenda Jerusalem'.

29 Yák*a*la unaf*i*kira hehi Be*t*ifage na Be*t*ani, ho hariho na kirima kiifwacho cha Mize*t*i na-ye wáhuma airi kahi ya afu*n*dwi-e,

30 akiamba, Haya endani ha*t*a karya kadzidzi kerekezenyecho: be, mundihofika mundam'ona mwana wa ndzowe udzaangizwa kibigili-ni, amba*y*e k'akuna ˙mut'u b*u*le adziyekwenda dzulu-ye s*i*ku yosi: be muvuguleni mudze na-ye haha.

31 Be mut'u akimuuza, Muna'mvugulira-ni? mwambeni, Bwana yuna ut'u na-ye.

32 Be makiuka arya mariohumwa, machenda ona here zho adzizhoambira.

33 Ha*t*a manam'vugula ye mwana wa ndzowe, arya enye makiauza, Munam'vugulira-ni yu mwana wa ndzowe?

34 Makiamba, Bwana yuna ut'u na-ye.

35 Be, machenda na-ye k*w*a Jesu: machenda m'tsuhira mavwalo gao dzulu-ye yuyat'u mwana wa ndzowe, makimwendesha Jesu dzulu-dzulu.

36 Achenda, kuno manam'ikira mavwalo gao ngira-ni.

37 Ha*t*a unaf*i*kira hehi hvivi *t*aramuko ra Kirima cha Mize*t*i, arya afu*n*dwi mu*t*unganano

27 Pamoja na haya, kawatwaeni wale adui zangu wasiokubali niwatawale, muje nao hapa mkawatinde mbele zangu.

28 Nae alipokwisha sema haya, alikuwa kwendelea mbele kukwea kwenda Jerusalem.

29 Ilikuwa alipopata karibu ya Bethifage na Bethania, p'ande za kilima kiitwacho cha Mizetuni, nae alituma wat'u wawili katika wanafunzi wakwe,

30 akiwambia, Endani kijiji kile kilichokabili, nanywi mkingia ndani mtamuona mwana wa p'unda mumo, amefungwa, ambae mt'u hajapanda juu yakwe po pot'e : mfungueni muje nae.

31 Basi mkiulizwa, Mwamfunguliani? semani, Bwana yuna haja nae.

32 Wakenda wale waliotumwa wakaona vivile kama alivyowambia.

33 Nao walipomfungua yule mwana wa p'unda, wenyewe waliwambia, N nini kumfungua mwana wa p'unda?

34 Wakasema, Bwana yuna haja nae.

35 Wakamtwaa wakenda nae kwa Jesu ; wakamtupia mavao yao juu yakwe yule mwana wa p'unda, wakampandisha Jesu juu,

36 akenda huku wamtandikia mavao yao ndiani.

37 Nae muda ule alikuwa amepata karibu ya materemko ya Kilima cha Mizetuni, waka-

wao m'zima makiaha kum'lika Mwenye-Mulu-
ngu na mumiro mubomu kwa kuererwa-t'o,
kwa ut'u wa madhedhu gosi madzigoona,

38 makinena, Udzahadzwa-t'o ye shaha adza-
ye kwa dzina ra Bwana; ni kuhurire mulungu-
-ni dzulu, na nguma hadzihoanuka zhomu!

39 Makim'uza Mafarisi nganya marokala
mo mutunganano-ni, makimwamba, Mukulu-
-fundi, achemere a afundwi-o.

40 Akiaudzya, akiamba, Namwámba kwamba
ano chá mananyamala, na gano mawe ganda-
kupiga k'ululu.

41 Hata unahafikira hehi, akiulola o mudzi
hvivi, akiuririra ut'u-we uriokala,

42 akinena kwamba, Kala udzamanya na siku
ii ya rero maut'u ga dheri-yo—, ela hvikara
udzafitswa matso-go:

43 kwa kukala zindakutekeza siku zambazo
amaidha-o mandakuhendera chandza, makuzi-
ngire, na kukuzulia kosi-kosi:

44 na-o mandakugwaga na-ts'i na ahoho-o
ndani-yo, matsaricha dziwe ndani-yo rikakala
dzulu ya dziwe mwandzi-we, kwa hvizho usizho
manya makati ga kulolwa-ko.

45 Hata unaangira mo ridziza-ni, akiaha
kuatsuha-ndze marokala mo ndani managula
na kuguza,

46 akiambira, Vidzaorwa kare, Nyumba yangu
indakala ni nyumba ya kuhasa Mulungu; nwi
mudzaihendya p'anga ya ahoki.

anza wanafunzi mk'utano mzima kumsifu
Mngu kwa sauti k'uu, kufurahia vitendo
vyot'e vya uwezo walivyoona,

38 wakisema, Amebarikiwa Mfaume ajae
kwa jina la Bwana: na iwe amani mbi-
nguni, na utukufu wa juu sana!

39 Wakasema nae wat'u kadhawakadha
katika Mafarisi waliokuwamo mle katika
mk'utano, wakamwambia, Bwana, wakanye
wanafunzi wako.

40 Akajibu akasema, Nawambia kwamba hawa
watakaponyamaza na mawe yatapiga k'elele.

41 Kupata kwakwe karibu alipouona mji,
aliulilia,

42 akisema, Lau kwamba wayajua nawe, kwa
hii siku ya leo, yapasayo amani yako—, lakini
sasa yamefitamania mato yako.

43 Kwani zitakuk'uta siku watakozoku-
zungushia boma adui zako, wakuzingire na
kukuzuia kot'e-kot'e.

44 Nao watakupomoshea nt'i na wanayo
ndani yako, wasisaze ndani yako jiwe lililo
juu ya jiwe wenziwe, kwa ajili ya hivyo usivyo-
jua zamani za kuangaliwa kwako.

45 Akangia hekaluni, akaanza kuwatoa wale
waliofanya biashara,

46 akiwambia, Imeandikwa kwamba, Nyu-
mba yangu itakuwa nyumba ya kusali; lakini
nywinywi mmeifanya p'ango ya wevi.

47 Na-ye kila siku were akifunda at'u mo ridziza-ni; o alombi abomu na o aori makimala kumwangamiza, ao na vitswa zha enyemudzi:

48 na k'amaonere ra kuhenda, kwani o enye--mudzi mere makimweremera osini kuno mana-m'sirikiza.

UKOMO WA MAKUMI-MERI.

20. Kukikala siku dza irya arihokala kuafundya o enye-mudzi mo ridziza-ni na kuambiriza uworo-wa-t'o, kumwimirira arya alombi abomu na aori hamwenga na azhere,

2 makinena na-ye, makimwamba, Fwambe, ni kwa wadimi wa-ni uhendazho gaga, hedu ni hani adziyekugera wadimi uu?

3 Akiadzigidzya, akiamba, Na mino nindamuuza ut'u, munambire na-mi:

4 Ye Johan'ne, kuangiza-kwe at'u madzi zhálaa m'lungu-ni hedu na at'u?

5 O makigaluzanya-galuzanya enye kwa enye, makinena kwamba, Cha hundámba, Ni kula' m'lungu-ni, yundahuuza, Zhákala-dze kutsamukuluhira bai?

6 Kaheri hundihoamba, Ni kula' na at'u, a enye-mudzi osi mandahupiga na mawe: kwani mamweremere Johan'ne kukala mwambirizi.

7 Makim'dzigidzya kwamba, K'ahuvimanya vilaireko.

G.   99

47 Nae alikuwa akihubiri *d*aima mle hekaluni. Na makuhani wakuu na waan*d*ishi walitaka kumuangamiza, wao na vi*t*wa vya wat'u:

48 wasione la kutenda, kwani jamii ya wenyeji walikuwa wakimtegemea hivi, wakimsikiza.

MLANGO WA ISHIRINI.

20. NA siku zile moja-wapo alipokuwa yeye akiwafunza wenyeji katika hekalu, akihubiri maneno ya injili, ilikuwa kumuondokea makuhani wakuu na waan*d*ishi pamoja na wazee,

2 wakisema nae; wakamwambia, Twambie ni kwa uwezo gani utendavyo mambo haya, au n nani aliyekupa uwezo huu?

3 Akajibu akawambia, Nami *t'*awauza neno; nambiani basi:

4 Yeye Johanne, uzamishi wakwe uli*t*oka mbinguni au ni wa wat'u?

5 Wakahujiana wao kwa wao, wakasema, Tu*t*akaposema, Ni wa mbinguni, a*t*asema, Ilikuwaje basi ku*t*omsa*d*iki?

6 Na tukisema, Ni wa wat'u, wenyeji wo*t'*e wa*t*atutupia mawe, kwani wamemkubali Johanne kuwa n nabii.

7 Wakajibu kwamba, Hatuujui u*t*okapo.

8 Na-ye Jesu akiaamba, Na mino sinda-mwambira ni kwa wadimi wani nihendazho gaga.

9 Akiaha kuambira o enye mudzi funjo iyo: Nganya m'siku wálaya munda-we wa mikongozamanga, akiap'a ak'urima mamurimire, akihamba siku mbahe:

10 hata arihofisha makati-ge akiahirikira muhumiki-we, makamup'e kahi ya ndude za munda-we; o ak'urima makim'bimbinda, makim'dodomeza muhuhu.

11 Akikaza kuahirikira muhumiki mungine, makim'bimbinda na-ye, makim'ika mulongo, makim'dodomeza muhuhu.

12 Akikaza kuahirikira wa hahu; na-ye makim'hendya maranga, makim'tsuha-ndze.

13 Akinena ye mwenye-munda, achamba, Nihende-dze? nindam'huma mwanangu muhendzwi wangu: ni kwenda makam'ishimu.

14 Hata manam'ona o ak'urima, makikala kugaluzanya-galuzanya enye kwa enye, makinena, Yuyu ndeye muhala-ufwa; ni humwalage bai, ufwa-we ukale wehu.

15 Hata marihom'tsuha-ndze ya munda makimwalaga. Be yundaahenda-dze ye mwenye munda?

16 Yundadza yundaangamiza ak'urima aa, map'ewe angine o munda. Marihosikira gaga makinena, Hha'a! visikale hvino!

8 Jesu akawambia, Wala mimi siwambii ni kwa uwezo gani nitendavyo haya.

9 Akaanza kuwambia wenyeji fumbo hii: Fulani alitulia mizabibu kitanguni mwakwe: akapangisha wak'ulima, akenda akasafiri siku nyingi.

10 Hata kwa wakati wa matunda akamtuma mtumwa ende kwa wale wak'ulima, wapate kumpa katika t'unda za kitangu, nao wak'ulima wakampiga, wakamfukuza, hana k'itu.

11 Akendelea kumtuma mtumwa mngine. Nae walipompiga na kumvundia muruwa wakamfukuza, hana k'itu.

12 Akamtuma na wa tatu, nae wakamjirihi, wakamtupa n'de.

13 Akasema bwana wa kitangu, Nifanyeje? T'amtuma huyu mwanangu mpenzi wangu: k'wenda wakamhishimu.

14 Walipomuona wale wak'ulima, wakasemezana wao kwa wao, wakasema, Huyu ndiye mrithi; na tumuue, upate kuwa wetu urithi wakwe.

15 Walipomtupa n'de ya kitangu, wakamuua. Basi atawafanyani bwana wa kitangu?

16 Atakwenda waangamiza wale wak'ulima, wapawe wengine kitangu. Waliposikia yale, walisema, Hayawi haya!

S.   100

17 Ye akiavumiriziza matso, akiamba, Be ni
neno rani rino ridzoorwa ?—Iwe madzokahala
aaki, ndo ridzirokala ni-ts'a ya p'embe :

18 iwe riro kila mut'u wosi adziyegwerera
ni kutsikitswa, na ye rindiyem'gwerera dzulu-
-ye, ni kum'tisa-tisa.

19 Makimala o aori na o alombi abomu-
-abomu kum'tsuhira mikono kahi ya murongo
uryat'u, makiaogoha enye mudzi : kwani mere
kumanya kukala ni kwa ut'u wao adzizhonena
funjo ii.

20 Be, makimumanyirira, makilazha k'ozi
makadzihendye here at'u ajeri, kwamba mapate
kum'hala na maneno-ge, kwa kumwangiza ts'i-
ni ya wadimi na kanwa ka liwali.

21 Makim'uza, makiamba, Mukulufundi,
hudzakumanya u mwenye kunena na ku-
fundya ga kara-kara, na-we k'uhokera uso wa
mudamu, ela kaheri ufundya ngira ya Mulu-
ngu jeri-jeri:

22 ni vidzo kumup'a Kaisari ts'andzi hedu
ni vii ?

23 Na-ye unamanya utiriri wao, akiamba,

24 Nionyesani karupia. Kana uso na maoro
ga hani ? Makim'dzigidzya, Ga Kaisari ?

25 Ye akiamba, Zha Kaisari mup'eni Kaisari,
na zha Mulungu mup'eni Mulungu.

26 Na k'amadimire kum'hala mbere za at'u
na ko kunena-kwe; hata manamaka go mau-
dzyo-ge, makinyamala myá.

17 Akawaángalia, akasema, N nini basi neno hilo lililoandikwa?—Jiwe walilokataa waashi limekuwa ni kitwa cha p'embe lilo:

18 Jiwe hilo killa atakaeanguka juu yakwe huvundika, nae litakaemwangukia, humponda--ponda.

19 Waandishi na makuhani wakuu wakataka kumtia mikono kwa wakati uo, wakawaogopa wenyeji, kwani walijua kwamba fumbo hii amewanenea wao.

20 Wakamuangalia-angalia, wakatoa na wapelelezi wakajifanye kuwa ni wat'u wa kweli, illi kumtwaa katika maneno yakwe, wapate mtia katika enzi na uwezo ya hakimu.

21 Wakamuuza-uza, wakasema, Tumekujua Mwalimu kuwa wasema na kufunza ya haki, nawe hukubali uso wa mt'u, lakini wafunza hakika ndia ya Mngu:

22 ndiyo halali kumtolea t'aja Kaisari, aulaa?

23 Yeye akatambua hila zao: akawambia,

24 Nionyeshani dinari. Ni za nani sura na maandishi yaliyomo? Wakasema, Ni za Kaisari.

25 Akawambia, Basi, Kaisari mlipeni vya Kaisari, na Mngu vya Mngu.

26 Wasiweze kupatiza neno lile mbele za wenyeji; basi walipokwisha taajabia yale aliyojibu, walinyamaa kimya.

27 Makim'kwendera angine kahi ya Masa-
*d*uki, mambao ndo makanaizao kufufuka k*w*a
afu, makim'uza,

28 makimwamba, Muk*u*lufun*d*i, ye Mose
udzafworera . kw*a*mba mut'u andihofwererwa
ni nd*u*gu-ye, ambaye were na muche-we wa
kum'lola, akik*a*la k'azhalire ana, iye nd*u*gu-ye
ni amuhale muche-we, akamwinyize mb*e*yu
nd*u*gu-ye.

29 Be here na at'u-alume afungahe ndani-
-mwenga: ye muk*u*lu wao akihala muche
akifwa k'adzang*w*e kuzhala na-ye,

30 na wa hiri makim'hala,

31 na wa hahu, makim'hala hvizho osi afu-
ngah*e*, k'amarichire ana; makifwa.

32 Ha*t*a kusira-kw*e* na ye muche akifwa.

33 Be ho kufufuka-ni yundak*a*la ni muche
wa hiye? K*w*ani mere na-ye osi afungahe,
akik*a*la muche wao.

34 Jesu akiamba, Ana a urumwengu uu ni
kulolana na kulozanya;

35 *e*la ano maonekao kukala ni at'u a kupa*t*a
urumwengu ury*a*t'u na kufufuka mwa afu,
k'amalolana ano na k'amalozanya;

36 k*w*ani k'ama*d*ima kufwa kaheri: k*w*ani
madzahalana na malaika, kaheri madzak*a*la
ana a Mwenye-Mulungu, k*w*a hviry*a*t'u madzi-
zhok*a*la ana a kufufuka-ni.

37 Be, dza k*w*amba afu ni kufufuka ha*t*a ye
Mose udzaika lwazu kahi ya u*w*oro wa kitsa-
hukuzi, ho am'hadzaho Bwana kuk*a*la ni Mu-
lungu wa Abarahamu, Mulungu wa Isaaki,
Mulungu wa Jakobo:

G.

27 Wakamwendea na wengine katika Mafarisi, hao wasemao kwamba hakuna kufufuliwa. Wakamuuza,

28 wakisema: Mwalimu, Mose alituandikia kwamba mt'u afiliwapo ni nduguye nae yuna mke wala hakuzaa, namtwae yule mkewe amsimamishie mbeyu nduguye.

29 Basi, palikuwa na wat'u sabaa ndugu moja, wa kwanza akaoa mke akafa, hajazaa mwana:

30 akaolewa yule mke ni wa pili

31 na wa tatu: ikawa kama hivyo, wakafa wot'e sabaa wasiate watoto.

32 Hatima yakwe akafa yule mke nae.

33 Basi katika kufufuliwani atakuwa ni mke wa nani, kwani ameolewa ni wat'u sabaa.

34 Jesu akawambia, Wana wa ulimwengu huu huoana na kuozana;

35 lakini wahasibiwao kuwa ni wat'u wa kuupata ulimwengu ule na kufufuka katika wafu, hawaoi wala hawaozani.

36 Kwani hawawezi kufa tena wat'u hao, kwani wao wamekuwa mtindo mmoja na malaika, tena ni wana wa Mngu, kwa hivyo walivyokuwa wana wa kufufuliwani.

37 Tena ya kuwa wafu hufufuka, Mose nae ameonyesha wazi katika habari ya Kitua cha Mti, hapo amtajapo Bwana, Mngu wa Abaraham, Mngu wa Isaaki, Mngu wa Jakobo:

38 na-ye seye Mulungu wa afu, ni Mulungu wa maro m'oyo tuu : kwani at'u osi ma m'oyo kwakwe.

39 Makidzigidzya angine kahi ya aori, makimwamba, Mukulufundi, udzanena-t'o.

40 Kwani mere k'amasubutu kum'uza ut'u kaheri.

41 Be akiamba, At'u ni kunena-dze kwamba Masiha ni mwana wa Davidi?

42 Kwani ye mwenye Davidi yunanena kahi ya Chuwo cha Zaburi : Bwana wámwamba Bwana wangu, Kelesi mukono wangu wa kuume

43 hata nikuikire amaidha-o makakale kieje-mero-cho ts'i-ni ya magulu-go.

44 Be Davidi yunamwiha Bwana hvivi, udzakala-dze ni mwana-we be ye?

45 Hata o enye mudzi osi manam'sirikiza hvivi, akiambira o afundwi-e :

46 Dzimanyirireni na ano aori, mahendzao kutsembera madzavwala ino miamba yao, ma-malão kulam'sanya-lam'sanya kahi ya mihala ya madhora, na vihi zha dzulu kahi ya migojo, na makalo ga mbere kahi ya nyambura :

47 mambao ndo maryao nyumba za magu-ngu, na kuhasa na mahvoyo mare kwa kudzi-hendya. Ndo mandiokudza masemwe ui-ni zhomu ano.

38 nae hawi Mngu wa wafu, isipokuwa wa walio hai: kwani wat'u wot'e huwa hai kwakwe.

39 Wakamjibu wengine katika waandishi, wakamwambia, Mwalimu, umesema vyema.

40 Kwani hawakusubutu kumuuliza neno la zaidi.

41 Akawauza, Husemaje wat'u kwamba Masiha ni mwana wa Davidi?

42 Kwani mwenyewe Davidi yuasema katika Chuo cha Zaburi: Bwana alimwambia bwanawangu, K'eti mkono wangu wa kuume

43 hata nishe kuwaweka adui zako wawe kiti chako cha t'ini ya maguu.

44 Davidi basi yuamwita Bwana, nae amekuwaje ni mwanawe?

45 Wa katika kumsikiza wale wenyeji wot'e, akawambia wanafunzi wakwe:

46 Jilindeni na waandishi, wapendao kutembea na nguo ndefu-ndefu, na kutaka kuamkuzana masokoni, na viti vya mbele vya misikitini, na makazi ya kwanza ya karamuni;

47 walao majumba ya wajane; wafanyao ndefu sala zao illi kupata sifa. Hao watapatikana ni hukumu k'uu.

UKOMO WA MAKUMI-MERI NA MWENGA.

21. HATA unahirika matso akiaona apati matsuhazho vigero zhao kahi ya kiya cha kuikira mali :

2 akim'ona muche-gungu m'siku ariye mukiya, yunatsuha ndani upesa uiri.

3 Akiamba : Namwámba jeri kwamba muche iye mukaha udzatsuha zha kuakira aa osi ;

4 kwani ao osi madzatsuha kahi ya unji wa maro na-zho kahi ya vigerwa zha Mulungu, ela kaheri ye muche udzatsuha vit'u zhosi erezho nazho.

5 Hata angine manarihadza ro ridziza, zho ridzizhoangizwa urembo wa midziwe na maombozezo, akiambira :

6 Gago mulolago, siku zinadza zambazo iwe k'arindarichwa dzulu ya iwe mwandzi-we risokudza rigwagwe-ts'i.

7 Ao makim'za-uza, makimwamba, Mukulu--fundi, maut'u gaga gandakala rini ? kaheri muwano-we ni wani gandihokutimira maut'u gaga ?

8 Akiambira, Dziloleni mutsakengwa ; kwa kukala mandakudza at'u anji kwa dzina-rangu mandionena kwamba, Ndimi mino ; na, Makati gadzakala hehi : mutsaatuwa nyuma at'u ao !

9 Ela mundihosikira maworo ga viha-viha na masunulo-masunulo, m'tsahondoka, kwani

MLANGO WA ISHIRINI NA MOJA.

21. AKAPELEKA ma*t*o, akawatezama ma*t*ajiri wa*t*upavyo sa*d*aka zao katika vyombo vya hazina:

2 akamuona mwanamke mmoja mjane masikini yua*t*upa mle nusu-pesa mbili.

3 Akasema, Hakika nawambia, mwanamke mjane huyu ametia zai*d*i ya wo*t*'e;

4 kwani hawa wo*t*'e walivyotupa masa*d*akani ni katika kuzi*d*i kwao, nae huyu pamoja na upungufu wakwe ame*t*upa vit'u vyakwe vyo*t*'e alivyokuwa navyo.

5 Na wat'u fulani waliposumulia mambo ya hekalu, ilivyopambwa kwa mawe mema na *t*'unu, aliwambia:

6 Hayo m'yaangaliayo, katika zamani ita-kayokuja hali*t*asalia jiwe juu ya wenziwe lisi-lopomoshwa n*t*'i.

7 Wakamuuza, wakasema, Mwalimu, yata-kuwa lini mambo haya? na ishara yakwe ni ipi ya kuwa kari*b*u ya*t*a*t*ukia?

8 Akasema, Angaliani msije mkangia uji-ngani, kwani wa*t*akuja wat'u wangi kwa jina langu, waseme, Mimi ndiye, *t*ena, Umekaribia waka*t*i wakwe: msiwaan*d*amie basi hao!

9 Nanywi msikiapo habari za vita na mishi-ndo-shindo, msishituke; kwani haya hayana

gago ndo gaagirwego ni kukalako kwandza,
ela ho ha kusindikiziza si hehi.

10 Ndo arihoaambira: At'u a-ts'i ino manda-
kudza maaimirire at'u a ts'i ino; na ushaha
uno undakudza uimirire uno:

11 kaheri-ts'i indakala kusumba-sumba zho-
mu, hat'u hangine-hangine, na kundakala na
magumbo na p'eho mbii, na kundakala na
midhana na miwano mibomu ya mulungu-ni.

12 Be mbere za gaga gosi mandam'tsuhira
nikono yao dzulu yenu, mam'sirinye na
kum'wangiza migojo-ni mwao na chumba-ni,
kuno mukilongozwa mbere za mashaha na
vitswa zha at'u, kwa ut'u wa dzina rangu.

13 Be gaga gandakala ni chodherwa kwenu.

14 Kwa ut'u uo ririkirani mwenu myoyo-ni
kutsaaza-aza mbere go mundigoudzya.

15 Kwani mino nindamup'a kanwa na ula-
chu, zhambazho k'amandadima kuvikahalira
hedu kuvinenera kinyume ak'ondo enu osi.

16 Be mundakulonderwa ni azhazi-enu na
ndugu-zenu na mbari-zenu na asenenu, na-o
mandamwalaga angine enu.

17 Na-nwi mundakala at'u a kutsukiza kwa
at'u osi kwa ut'u wa dzina-rangu.

18 Na-nwi hata ludzere lwa vitswani mwenu
k'alundaangamika ng'o.

19 Kahi ya kuvumirira kwenu ndo mundi-
zhokala na-go maroho genu.

budi yatatukia kwanza, lakini ule mwisho haujakuwa karibu bado.

10 Ndipo akawambia: Taifa itaondoka juu ya taifa, na ufaume juu ya ufaume,

11 tena kutangia na mitetemo ya nt'i mikuu, na ndaa nyingi na matauni mwahali mwengine-mwengine, na matisho na ishara k'uu za mbinguni.

12 Ela kwanza yasijangia haya yot'e, watawatia mikono juu yenu na kuwafukuza-fukuza, kwa kuwaatia wat'u wa misikitini na kuwatia chumbani, huku mkipelekwa mbele ya wafaume na mahakimu kwa ajili ya jina langu.

13 Basi itakuwa ni ushuhuda kwenu.

14 Iwekeni basi myoyo yenu kwamba kutofikiri kwanza katika mtakayojibu.

15 Kwani t'awapa kanwa na maarifa wasiyoweza watesi wenu wot'e kuyakingamia wala kuyanenea kinyume.

16 Nanywi mtakuwa kuatwa wazi ni wazee wenu baba na mama na nduguzenu na mbari zenu na rafiki zenu: nao watawaua baadhi yenu.

17 Tena mtatukia kwa wat'u wot'e kwa ajili ya jina langu.

18 Wala haupotei unywele wa vitwani mwenu hata umoja.

19 Nanywi mtakavyotamalaki maisha yenu huwa katika kuvumilia kwenu.

20 Be ela ho mundihoona kaya ra Jerusalem udzahenderwa chandza ni aviha, manyani kwamba haho ndo udzihokala hehi o uïjo-we.

21 Makati gago at'u makelesio ts'i-ya Juda ni makimbirire m'rimani, na mario kahi-kahi--ye ni maombole-ndze, na mario nyika matsaangira mudzi-ni.

22 Kwa kukala gago ndogo masiku ga ore--we, ga kuadzazwa vidzoorwa zhosi.

23 Ore wao! maro na mimba na o maamwiswao kahi ya siku zizo; kwani kundakala na kusirima kunji dzulu ya-ts'i, na kuatsukirirwa enye-mudzi aa.

24 Na-o mandakugwa kwa maso ga sime, mandatawiwa mende kwa k'olo zosi zirizoko, na Jerusalem' indazhogwa ni k'olo, hata gatimizwe ga makati ga k'olo.

25 Kaheri kundakala na midhana kahi ya dzua na mwezi na nyenyezi, na kusirima kwa k'olo, kuno at'u makiangalaziwa ni kururuma kwa madzi-manji na rifulo rinji

26 na kualagwa myoyo na kogoha kwa kugaririkana garya gandigokudzira urumwengu-ni : kwani minguvu ya mulungu-ni indakusumbywa.

27 Be ndo mandihom'ona mwana wa mudamu yunadza kahi ya maingu hamwenga na nguvu na nguma nyinji.

28 Na makati gakiaha kukala-ko maut'u gago, lolani dzulu, kaheri anulani vitswa zhenu: kwa hvizho udzizhokala hehi o ukombolwi wenu.

20 Basi wakati mtakapoona Jerusalem ime-
zungukwa ni jeshi nyingi, ndipo mjue ku-
wa umesha kurubia uvundifu wakwe, wa-
kati uo.

21 Wakati huo walio Judea na wakimbilie
milimani, na walio kati-kati yakwe watoke
n'de, na walio majimbo wasingie mjini :

22 kwa kuwa hizo ndizo siku za mapatilizo,
illi kwamba yatimie yaliyoandikwa yot'e.

23 Ole wao! walio na mimba nao wenyi kua-
mwisha katika siku hizo : kwani nt'i itangia
shida nyingi na ghadhabu juu ya wenyewe.

24 Nao watakuwa kuanguka kwa makali ya
upanga na kutekwa nyara kupelekewa taifa
zot'e : na Jerusalem itakanyagwa ni mataifa,
hata zitimie zamani za mataifa.

25 Tena kutakuwa na ishara katika jua na
mwezi, na tashwishi ya mataifa wenyi kusa-
ngaa kwa kivumi cha bahari na msuko-suko
wakwe,

26 wat'u wakivundika myoyo kwa kuogopa
na kutezamia mambo yatakayotukia juu ya
nt'i.   Kwani nguvu za mbinguni zitateza-
-teza.

27 Na zamani zile watamuona mwana wa
mt'u yuaja ndani ya wingu pamoja na uwezo
na enzi k'uu.

28 Nayo yaanzapo kutokea mambo hayo,
tangamkani nywi! muinue vitwa vyenu, kwa
kuwa umekwisha kurubia huo ukombozi
wenu.

29 Akiambira funjo: Lolani mukuyu na mihi yosi:

30 ikikala idzagunula hvivi, ho muilolaho munamanya enye kwamba dzua ni hehi rindakala ra kutsano.

31 Na-nwi ni hvizho zhenye, mundihogaona gadzakala gago, manyani kwamba udzakala hehi ushaha wa Mulungu.

32 Ni jeri namwamba kwamba k'alundakira lukolo lulu, hata gaombole gosi.

33 Dzulu na-ts'i vindakira, ela maneno gangu k'agandakira ng'o!

34 Dzimanyirireni bai! p'ore ikaejemezwa myoyo yenu ni kuvumbizwa na kurea na kusirima kwa urumwengu-ni, siku irya ikam'dzirira kwa kudulukiza:

35 kwani indaavungira at'u osi makelesio dzulu ya uso wa-ts'i yosi here dza muhambo.

36 Chesani matso bai, muhvoye kila siku yosi kwamba mukale at'u a kutia hahi ya maut'u garya gosi gandigokombola, mupate kuima mbere za mwana wa mudamu.

37 Be kila mutsana wosi were akifundya at'u mo ridziza-ni, achenda na usiku hata kirima kiifwacho Kirima cha Mizeti akichesa;

38 na-o enye mudzi makim'kwendera madzacha-madzacha, kwenda m'sirikiza mo ridziza-ni.

29 Aliwambia na fumbo, Utezameni m*t*ini na miti wenziwe :

30 waka*t*i ishapo *t*epuza mwaona na kutambua nafusini mwenu kuwa majira ya matunda yansha kurubia.

31 Nanywi vivyo muonapo mambo haya yanza *t*okea juani kwamba umekuwa karibu *t*ena ufaume wa Mngu.

32 Ni kweli nawambia kwamba haki*t*apita kizazi hiki ha*t*a yeshe *t*imia yo*t*'e.

33 Mbingu na n*t*'i zita*t*pita, lakini maneno yangu hayapiti kamwe!

34 Basi, jiangalieni! msije mkalemewa myoyo yenu ni ulevi na ndeo na masumbuko ya maisha haya, siku ile ikawak'uta ghafula kama mtambo :

35 kwani ndivyo i*t*akavyowaangukia wat'u wo*t*'e wak'e*t*io juu ya uso wa n*t*'i yo*t*'e.

36 Basi angazani-angazani killa waka*t*i, mukanyenyekee, mpate nguvu mpone katika yale ya*t*akayotukia yo*t*'e, illi mpate simama mbelc za mwana wa mt'u.

37 Basi, killa siku m*t*ana alikuwa akifunza katika hekalu, aki*t*oka mjini na usiku kwenda kilima kiitwacho Kilima cha Mize*t*uni, akikaa kucha,

38 akendewa asubuhi na mapema ni wenyeji wo*t*'e mle hekaluni illi kumsikiza.

UKOMO WA MAKUMI-MERI NA MBIRI.

22. IKIKALA hehi nyambura ya mikahe isiyo ts'ats'u, yambayo iifwa siku ya Pasiha.

2 alombi abomu na aori makimala ngira ya kwenda mwalaga, kwani mere makiaogoha o enye-mudzi.

3 Shetani akimwangira Judasi aifwaye Muisi-karia, ariyekalamo kahi ya aryat'u at'u kumi na airi:

4 akiuka achenda nena na o alombi-abomu na vitswa zha aviha amwangize-dze mwao.

5 Makifwahirwa, makilagana na-ye kum'p'a fwedha.

6 Be, akigwirana na-o, akikala yunamala-mala hat'u ha kumwangiza mwao hasiho londzo.

7 Hata inadza siku ya mikahe isiyo ts'ats'u, iriyokala ni siku ya kukatsindza kagondzi ka Pasiha,

8 akim'huma Petero na Johan'ne, akiambira, Endani mukahuhendere-t'o ye Pasiha, kwamba hum'rye.

9 Makimwamba, Unamala hukam'hende-t'o hiko?

10 Akiamba, Lolani: ho mundihoangira mu-dzi-ni, mundakwenda m'tekeza mut'u udzatsu-kula mutanga wa madzi; be mutuwireni hata mufike nyumba andiyoangira:

MLANGO WA ISHIRINI NA MBILI.

22. Ikakurubia idi ya mikate isiyotiwa *t'*atu iitwayo Idi ya Pasiha.

2 Basi makuhani wakuu na waandishi walikuwa kutafuta ndia ya kumuua, kwani walikuwa wakiwaogopa wenyeji.

3 Shetani akamngia Judasi, yule aitwae Muisikaria, katika hisabu ya wale kumi na wawili :

4 akaondoka, akenda akasema na makuhani wakuu na vitwa vya asikari, atakavyomtia mikononi mwao.

5 Wakafurahi, wakafanya maagano nae ya kumpa fedha.

6 Akaagana nao, akawa kutafuta majira ya kumtia mikononi mwao pasipo kufanya fujo.

7 Ikafika ile siku ya isiyo *t'*atu, ile iliyopasa kutindwa k'ondoo wa Pasiha.

8 Akawatuma Petero na Johanne, akawambia, Endani mkatuandalie Pasiha tupate kumla naswi.

9 Wakamwambia, Wataka tuandalie wapi ?

10 Akawambia, Tezamani : mtakapongia ndani ya mji mtak'utwa ni mt'u ametukua 'mtungi wa maji: mt'u huyo mfuateni hata mufikilie nyumba atakayongia ;

11 mukamwambire ye mwenye-nyumba, Mufun*d*i unakuuza, Cho kig*o*jo ki hiho nikam'rye Pasiha mimi na afun*d*wi angu ?

12 Na-ye undam'ony*e*sa hat'u halamu hadzoak*w*a dzulu-dzulu, hadzaikirwa viya : be hendani-t'o mumo.

13 Makiuka makiona here adzizhoambira : makim'henda-t'o Pasiha.

14 Ha*t*a murongo-we unafika, akik*e*lesi chakurya-ni na o ahumwi hamwenga na-ye.

15 Akiambira, Pasiha yuno dzahenda *t*ama zhomu mino ya kum'rya hamwenga na-nwi k*w*andza sidzang*w*e kuk'u*t*ywa mashaka :

16 k*w*ani namwambira sindam'rya kaheri ha*t*a ga*t*imire go maut'u-ge kahi ya ushaha wa Mwenye-Mulungu.

17 Ha*t*a unag*w*ira cho kikombe, akimulazhizha Mulungu muvera, akin*e*na, G*w*irani kiki, mugazhizhane.

18 K*w*ani namwámba, sindakunwa kahi ya uzhalwi wa mukongoza-manga, ha*t*a ufik*e* ushaha wa Mwenye-Mulungu.

19 Ha*t*a unaug*w*ira mukahe, akilazha muvera akiumogola, akiap'a akin*e*na, Ndo mwiri wangu uno, ulazhwao k*w*a ut'u wenu, hendani hvivi k*w*a kunikumbukira.

20 Na kikombe hvizho marihogonya kurya, akiamba, Kikombe kiki ndo kulagana kusha k*w*a milatso yangu, ikup'ulwayo k*w*a ut'u wenu.

21 *E*la na gaga gosi, uu ndoo, mukono-we

11 mumwambie mwenyi-nyumba, Mwalimu akwambia, I wapi sebule nikamlie Pasiha mimi na wanafunzi wangu ?

12 Nae atawaonyesha chumba kikubwa ghorofani kinsha andikwa vyombo: andaliani humo.

13 Wakenda wakaona vivile kama alivyowambia, wakamuandaa Pasiha.

14 Hata ulipofika wakati wakwe alik'eti chakulani yeye na mitume pamoja nae.

15 Akawambia, Pasiha huyu nimetamani sana kumla pamoja nanywi kwanza nisijapatikana na mashaka.

16 Kwani nawambia kwamba simli kamwe hata yatimie mambo yakwe katika ufaume wa Mngu.

17 Akapokea kikombe, aliposhukuru akasema, Twaani hiki mkagawanyiane wenyewe kwa wenyewe,

18 kwani nawambia kwamba tokea sasa sinwi mimi katika uzao wa mzabibu, hata ufike ufaume wa Mngu.

19 Akatwaa na mkate, alipokwisha shukuru akawapa; akasema, Huu ndio mwili wangu utolewao kwa ajili yenu: fanyani haya kwa kunikumbuka.

20 Na kikombe nacho vivyo hivyo baada ya kwisha kula; akisema: Kikombe hiki ndiyo maagano mapya ya katika damu yangu, imwaywayo kwa ajili yenu.

21 Na haya yot'e, huu ndio, mkono wakwe anitongeae upo nami hapa mezani !

anilonderaye u haha hamwenga na-mi dzulu ya lubao!

22 kwa kukala mwana wa mudamu udzakala unenda heré zho idzizhoikwa mbadha: ela ore-we! mut'u ambaye iye ni kulonderwa na-ye.

23 Makiaha kuuzanya enye kwa enye, ni hiye mwao andiyehenda ut'u uu?

24 Kukiombola maheho kahi yao hat'u ha mut'u aonekaye kukala mubomu wao, ni hani?

25 Akiambira, Mashaha ga at'u a k'olo ni kukala na uenye-ts'i dzulu yao, na-o maro na wadimi mwao maífwa Ahendi-a-t'o.

26 Ninwi k'amu dza hvirya: ela ariye mu-bomu-mubomu mwenu ni akale here dza ariye mutite-mutite: na ariye hmwinyi here ahumi-kaye.

27 Kwani ariye mubomu ni hiye? ni yuno mwenye kukelesi chakurya-ni, hedu ni yuno ahumikaye? Seye akelesiye chakurya-ni? Na--mi kahi mwenu dzakala here ahumikaye.

28 Be ninwi ndinwi mudziokala hamwenga na-mi kahi ya majezo gangu.

29 Na-mi ni kum'hendera-t'o udzumbe here zho Baba adzizhonihendera-t'o udzu mbe:

30 kwa kwamba mupate kurya na kunwa lubao-ni mwangu kahi ya udzumbe wangu. Na-nwi mundakukelesi dzulu ya vihi zha indzi, kuno mukialamula k'olo kumi-na-mbiri za Isiraili.

31 Hewe Simon', Simon', yuno ndeye, Shetani

22 kwa kuwa mwana wa mt'u nae yuenda kama ilivyoazimiwa kwakwe: pamoja na haya, ole mbwakwe! huyo ambae yeye yuatongewa nae.

23 Wakawa kusemezana wao kwa wao, n nani kwao atakaetenda jambo hilo?

24 Yakaondoka na mashindano kwao: n nani athaniwae kuwa mkubwa?

25 Akawambia, Wafaume wa mataifa huwatawala-tawala, na walio na hukumu juu yao huitwa Wafanyaji-wa-wema:

26 nanywi ham'wi kama vile: lakini aliye mkubwa kwenu nawe kama aliye kijana, na mwenyi kutawala kama atumikae.

27 Kwani aliye mkubwa ni yupi? yule aliyek'eti chakulani au yule atumikae? Siye yule aliyek'eti? Basi nami katikati yenu nimekuwa kama atumikae:

28 Tena nywinywi ndinywi mliodumu nami katika kujaribiwa kwangu.

29 Nami huwaagizia ufaume, kama vile nilivyoagiziwa mimi ni Babaangu;

30 mpate kula na kunwa mezani pangu katika ufaume wangu: nanywi mtak'eti juu ya viti vya enzi, huku mkiwahukumu kabila kumi na mbili za Israili.

31 Ewe Simon! Simon! tezama: Shetani

S.

udzamum*a*la kumuheheta-heheta here muhu-nga !

32 Be dzakuhv*o*yera k*w*a ut'u-o mino k*w*amba kuluhiro-ro risir*e*gere: na-we haho undiho-longoka-t'o ag*w*izanye o nd*u*gu-zo.

33 Iye na kumwamba, Hewe Bwana, nindi-hok*a*la hamwenga na uwe sikahala k*w*enda chumba-ni he*d*u ha*t*a kifwa-ni.

34 Akim*w*amba, Nak*w*amba uwe Pet*e*ro, rero k'anda*i*ka jogolo ha*t*a ugonye kunikana k'ana t'ahu dza k*w*amba k'unimanya.

35 Akiambira, Harya t'u nirihom'huma mu-siho kafuko na kakuchi na virahu, mw*á*tsowa kit'u? makimwamba, Hha*t*-*ta* !

36 Akiamba, *E*la hvikara mwenye kafuko--ke ni akahale, na kakuchi-ke kaheri; na asiye sime ni aguze ro amba-re akagule.

37 K*w*ani namw*á*mba k*w*amba gago gadzo-orwa kare k'agandaricha ku*t*imizwa mwangu, dza k*w*amba, Na-ye w*á*t*a*lwa hamwenga na ahendi-a-vii : k*w*ani gago gangu ni kuk*a*la na usiko.

38 Makimwamba, L*o*la bwana, sime mbiri zizi ! Akiamba, Vina*t*osha.

39 Akiombola m'dzi-ni achenda Kirima cha Mize*t*i here a*d*a-re: o afun*d*wi-e makim'tu*w*ira, machenda na-ye.

40 Hata unaf*i*kira ho hat'u akiambira, Hv*o*-yani k*w*amba mutsangira majezo-ni.

amewataka kuwapepeta-pepeta kama na-
faka!

32 Nami nimekuombea kwa ajili yako, illi
kwamba isizimie imani yako; basi ukisha
ongoka wewe wathibitishe nduguzo.

33 Akamwambia, Bwana, mimi niwapo pa-
moja nawe ni tayari kwenda kifungoni au hata
kifoni.

34 Akamwambia, Nakwambia Petero, leo
halitawika jimbi, illa kwanza unikane mara
t'atu kutoa nijua.

35 Akawambia, Jee pale nalipowatuma ha-
mna fundo wala mkoba wala viatu, mlipungu-
kiwa ni k'itu? Wakasema, 'A'a!

36 Akawambia, Lakini sasa, aliyefundika
k'itu nende nacho, na mkoba vivyo; na asi-
yekuwa na upanga auze nguo yakwe ya juu
anunue.

37 Kwani nawambia kwamba maandiko
haya hayana budi yatatimia kwangu mimi,
kana kwamba: Nae alihasibiwa pamoja na
mahalifu. Kwani yanipasayo huwa na ma-
timio yakwe.

38 Wakasema, Bwana, hizi ndizo, p'anga
mbili. Akawambia, Yatosha.

39 Hata akisha toka alikwenda Kilima cha
Mizetuni kama dasituri yakwe. Wakamua-
ndamia wale wanafunzi nao.

40 Alipokwisha fika pahali pale akawambia, O-
mbani kwa Mngu kwamba msingie kujaribiwani.

41 Akitanywa na-o haviche here kutsufwa kwa dziwe, hata unapiga mavwindi akikala kuhvoya, akiamba,

42 Hewe Baba, kala unahendza, ni kiniukire kure kikombe kiki. Na hvivi zhosi, gasikale mahendzo gangu, isihokala gako uwe.

43 Akioneka kwakwe malaika ala'ye m'lungu--ni, yunamwangiza muhuye.

44 Hata unakala kusirima-ni hvivi, akikaza sana kuhvoya. Gakikala mavukuhi-ge here dza madhing'a ga milatso gatsererago-ts'i.

45 Hata nyuma za kuhvoya-kwe akiuka, akiendera o afundwi-e, akiaona marere kwa uvuvu;

46 akiamba, Mudzalalira-ni? ukani mum'hvoye Mwenye-Mulungu, p'ore mukaangira kujezwa-ni.

47 Yuchere kunena, mutunganano wa at'u po! madzire, na yuya aifwaye Juda, mumwenga-waho arya kumi-na-airi, wáatongodhya; akim'sengerera Jesu kwa kum'tsudza.

48 Ye Jesu akimwamba, Hewe Juda, unamulondera ui-ni mwana wa mudamu na tsudzo?

49 Hata aryat'u andzi-e managaona gandizhoombola, makimwamba, Bwana, huateme na sime?

50 Haho mumwenga-waho nganya m'siku akim'tema muhumiki wa mulombi-mubomu, akim'tosa sikiro-re ra luhande lwa mukono wa kurya.

G.

41 Mwenyewe akatengwa nao kiasi cha kutupa jiwe, akapiga magot'i akawa kuomba; akasema,

42 Ewe Baba, kwamba wapenda, niondolea kikombe hiki. Pamoja na haya, yasiwe nipendayo mimi, illa upendayo wewe.

43 Akaonekana kwakwe malaika mmoja atokae mbinguni, yuamtia nguvu.

44 Nae ali katika dhiki, akazidi sana kuomba Mngu, zikawa hari zakwe kama matone ya damu yendayo nt'i.

45 Kisha alipoondoka pale alipokuwa akiomba, alipokwenda kwa wanafunzi wakwe, aliwaona wamelala usingizi kwa majonzi;

46 akawambia, N nini kulala usingizi? Ondokani muombe kwa Mngu, msije mkangia katika kujaribiwa.

47 Basi yu katika kunena haya, nao hao ndio, mk'utano wa wat'u; na yule aitwae Judasi, ni mmoja-wapo katika wale kumi na wawili, amewatangulia mbele yao. Akamsongelea Jesu illi kumbusu.

48 Jesu akamwambia, Ewe Judasi, wamtongea mwana wa mt'u kwa busu?

49 Nao waliokuwa k'ando-k'ando yakwe walipoyaona mambo yale yatakavyokwenda, walisema, Bwana, tuwateme kwa upanga swiswi?

50 Mt'u mmoja katika wao akamtema mtumwa wakwe kuhani mkuu, akamk'ata sikio la upande wa mkono wa kuume.

S. 112 P

51 Ye Jesu akiudzya akinena, Richani hvivi tu'. Akikagut'a ko kasikiro-ke akim'hoza.

52 Jesu akiambira o alombi-abomu na vitswa zha aviha a ridziza-ni na azhere madzom'ombolera, Ndimi mwivi hata muniomboleraye hvivi na sime na njogoma?

53 Ho nirihokala nichere hamwenga na-nwi kahi ya ridziza, k'am'nigolozeze mikono yenu dzulu yangu. Ela uu ndo murongo wenu, na wadimi wa kiza.

54 O makim'gwira makimulongoza kwenda na-ye nyumba-ni kwa mulombi mubomu. Na--ye Petero akimutuwira kwa kure.

55 Makibusa m'oho kahi ya muhala, hata marihokelesi k'anda-k'anda. hvivi, na-ye Petero wákelesi hamwenga na-o.

56 Na mwana-muche nganya, po! unam'ona adzihokelesi haho mulangaza-ni, akim'huriziza matso, akinena, Na mut'u yuyu were-ho hamwenga na-ye.

57 Akikana, akinena, Mwana-muche uwe, simumanya.

58 Hata nyuma-ze p'unde mungine akim'ona, akiamba, Na-we umo mwao.

59 Petero akinena, Mut'u uwe, simo! Hata hat'u ha murongo mumwenga mungine nganya m'siku wákala kukaza sana, akiamba, Ni jeri-jeri, na-ye yuyu wákala-ho hamwenga na--ye: kwani na-ye ni M'galili.

60 Petero akimwamba, Hewe mut'u siga-

51 Jesu akajibu akasema, Iwani radhi kwa haya tuu! akamgusa sikio lakwe akampoza.

52 Jesu akawambia wale waliomjia juu yakwe, makuhani wakuu na maakida wa hekaluni na wazee, Jee, mmetoka na p'anga na fimbo kama muindao mwivi?

53 Msininyoshee mikono juu yangu nilipokuwapo nanywi killa siku katika hekalu? Lakini hii ndiyo saa yenu, nao ndio uwezo wa kiza.

54 Wakamshika wakamuongoza, wakenda nae nyumbani kwa kuhani mkuu. Nae Petero alimfuata kwa mbali.

55 Basi walipokwisha washa moto kati-kati ya ua, wakik'eti pamoja, alikuwa Petero kuk'eti kati-kati yao.

56 Nae kijakazi kimoja alipomuona amek'eti penyi mwanga wa moto, alisema, Nae huyu alikuwa pamoja nae.

57 Akakana, akasema, Ewe mwanamke, simjui!

58 Baadae p'unde mwengine akamuona, akamwambia, Nawe umo mwao. Petero akamwambia, Mt'u wewe, simo!

59 Kisha baadae kama kitambo cha saa moja, mt'u mwengine alikaza sana, akasema, Hakika yakwe huyu alikuwapo pamoja nae, kwani nae ni Mgalili.

60 Petero akasema, Mt'u wewe, siyajui ma-

manya ga unenago! Haho henye, arihokala iye yuchere kunena, jogolo rikiika.

61 Na-ye Bwana akigaluka, akim'lola Petero. Petero akikumbukira maneno ga Bwana, arizhomwambira kwamba, Rero jogolo k'adzangwe kuika, uwe undanikana k'ana t'ahu.

62 Akiuka Petero achenda cha-ndze, achenda rira kwa utsungu.

63 Na arya at'u alume mariomugwira makim'tokoza, kuno manam'piga.

64 Hata manam'fundira matso hvivi makim'za-uza, manamwamba, Henda uambirizi: adziyekupiga ni hani?

65 Makimwambira maneno manji kaheri ga kum'tsea-tsea.

66 Hata kunagunuka mutsana makitunganana azhere maro kahi yaenye-mudzi, oalombi-abomu na aori, makim'usa harya, makim'longoza machenda na-ye kwao m'oro-ni, manamwamba,

67 Kala ndiwe Masiha uwe, fwambire. Akiamba, Ningahomwamba, k'amundakuluhira ng'o,

68 na kaheri ningahomuuza neno k'amundadzigidzya.

69 Hangu hvikara yundakala ye mwana wa mudamu kukelesi luhande lwa mukono wa kulume wa Mwenye-Mulungu.

70 Makiamba hosini, Ndiwe mwana wa Mulungu be uwe? Ye akiambira, Ninwi enye munanena kwamba ndimi mino.

ana yakwe uneneayo! Yu katika kunena hivi, mara likawika jimbi.

61 Bwana akageuka, akamtezama Petero usoni mwakwe. Petero akakumbuka maneno ya Bwana, aliyomwambia, ya kwamba: Leo kwanza lisijawika jimbi utanikana mara t'atu.

62 Akatoka n'de, akalia kwa utungu.

63 Na wale wanawaume waliomzuia Jesu walikuwa kumfanyia dhihaka wakimpiga-piga.

64 Wakamfumba mato wakamuuliza-uliza, wakisema, Tuagulie basi n nani aliyekupiga?

65 Wakamtolea na maneno mengine mangi kwa kutukana.

66 Hata kulipokucha, wakak'utanishwa wazee katika wenyeji, nao ndio makuhani wakuu na waandishi. Wakamuongoza wakenda nae katika majilisi yao, huku wakimwambia,

67 Wewe ukiwa u Masiha, twambie basi! Akawambia, Nijapowambia hamsadiki kamwe,

68 tena nijapowauza neno hamtajibu.

69 Illa tangu sasa mwana wa mt'u atakuwa kuk'eti mkono wa kuume wa nguvu za Mngu.

70 Wakasema wot'e, Basi u mwana wa Mngu nawe? Akawambia, Nywinywi mwasema kwamba mimi ndiye.

71 Makiamba, Huna ut'u wani kaheri siswi na chodherwa? kwani hudzasikira enye kanwa--ni mwakwe.

UKOMO WA MAKUMI-MERI NA T'AHU.

23. Makiima mutunganano wao wosi, makim'longoza kwenda na-ye kwa Pilato.

2 Makiaha kum'sema, makiamba, Mut'u yuyu hudzam'ona akiononga lukolo lwehu kuno akikahaza kum'lazhizha Kaisari ts'andzi, yunasema kwamba ndeye Masiha, shaha.

3 Ye Pilato akim'uza kwamba, Uwe ndiwe shaha ra Mayahudi? Akim'udzya, akimwamba, Ndo wambazho.

4 Pilato akinena na-o o alombi abomu na yo mitunganano, akiamba, Mut'u yuyu sionere mwakwe ut'u usiokala.

5 O makikaza kum'sema, makinena kwamba, Yunaatukusa enye mudzi, akifunda-funda kahi ya Judea yosi hangu Galili muhaka haha.

6 Hata unasikira Pilato uworo wa Galili, akiauza kala ndeye Mugalili mut'u yuyu.

7 Na arihomumanya kwamba ni kahi ya indzi ra Herode, akim'hirika kwa Herode, kwa kukala iye were kahi ya Jerusalem' siku zizo.

8 Hata unam'ona Jesu ye Herode, akiererwa sana; kwani were akimala kum'ona hangu kapindi, kwa kukala udzasikira maut'u manji

G.

71 Wakasema, Tuna haja gani tena ya ushuhuda? kwani wenyewe tumesikia kanwani mwakwe.

MLANGO WA ISHIRINI NA T'ATU.

23. WAKASIMAMA mk'utano mzima, wakamtukua wakenda nae kwa Pilato.

2 Wakawa kumshitaki, wakisema, Huyu tumemuona akipotoa-potoa taifa yetu huku akikanya kumtolea t'aja Kaisari, akisema kwamba mwenyewe ni Masiha, ni mfaume.

3 Pilato akamuuliza, akasema, Wewe ndiye mfaume wa Mayahudi? Akamjibu kwamba, Wewe wasema.

4 Pilato akasema nao wale makuhani wakuu na mak'utano ya wat'u, akawambia, Mt'u huyu sioni kwakwe neno lisilokuwa.

5 Nao wakakaza sana, wakisema kwamba, Yuawafitini wenyeji, akifunza wat'u nt'i nzima ya Judea kot'e-kot'e, tokea Galili mpaka hapa.

6 Aliposikia Pilato, aliuliza kama ni Mgalili mt'u huyu?

7 Hata kisha alipomjua kwamba ni t'ini ya hukumu ya Herode, alimtuma kwakwe Herode, kwa kuwa nae alikuwako Jerusalem zamani zile.

8 Basi Herode alipomuona Jesu, alifurahi sana, kwani alikuwa akitamani kumuona tangu zamani, kwa vile alivyosikia habari

S.

hat'u-he, na-ye akiaza aone mudhana uhendeke
kwakwe.

9 Be akim'uza maneno manji: k'amwahikire.

10 O alombi abomu na o aori makiima maki-
m'sema kwa uwara.

11 Ye Herode akim'wudhya hamwenga na
asikari-e, akim'tokoza, akim'tsuhira nguwo ya
kumeta-meta, akim'udzya ko kwa Pilato.

12 Pilato na Herode makigwirana usena
siku iryat'u yenye: kwani ho mbere mere a-
maidha enye kwa enye.

13 Hata Pilato unaatsungumanya alombi-
-abomu na vitswa zha at'u na enye-mudzi,
akiambira,

14 Mudzanirehera mut'u yuyu here aono-
ngaye at'u: kidza lolani, mut'u yuyu dza-
mwalamula hvivi mbere zenu nikatsaona mwa-
kwe ut'u ui kahi ya gaga mum'semago:

15 na kaheri Herode na-ye k'aonere; kwani
udzam'udzya kwehu: na-nwi lolani k'auhe-
nderwe kwakwe ut'u uagirweo ni kufwa.

16 Nimutubushe bai, kidza nimuriche ende.

17 Na-ro rákala ni ada kwao makati ga nya-
mbura kurichirwa mut'u mumwenga.

18 O makipiga lukululu osini hamwenga, ma-
kinena, Muhale yuyu, uhurichire Baraba.

19 Na-ye were mut'u mumwenga adzetsufwa
chumba-ni kwa ut'u wa fitini siku zidzoangira
mudzi, na kualaga at'u dambi-dambi.

G.

zakwe, akitaraji kuona nga muujiza utendwe nae.

9 Basi akamuuliza-uliza maneno mangi, wala asimjibu kwa lo lot'e.

10 Wakasimama wale makuhani wakuu na waandishi wakamshitaki kwa ushadidi.

11 Nae Herode akamdharau-dharau, na asikari zakwe nao, akamfanyizia na dhihaka, akimvika mavao ya kung'ara; akamrudishia Pilato.

12 Basi siku ile-ile Pilato na Herode wakafanya urafiki; kwani hapo kwanza walikuwa maadui wao kwa wao.

13 Pilato akawak'utanisha makuhani wakuu na vitwa vya wat'u na wenyeji,

14 akawambia, Mmeniletea mt'u huyu kama apotoae wat'u; nae mt'u huyu, huyu ndiye, sikuona kwakwe kosa lo lot'e katika mambo mumshitakiyo:

15 wala hata Herode, kwani amemrudisha kwetu; nae, huyu ndiye, halikutendeka kwakwe neno lipasalo mauti.

16 Basi nikisha mrudi, t'amfungua.

17 Nayo ilikuwa ni sharuti zamani za idi yao kuwafungulia mt'u mmoja kifungoni.

18 Wakampigia ukelele jamii ya waliokuwapo, wakisema, Muondoe huyu, utufungulie Baraba.

19 (Nae ni mt'u mmoja aliyetupwa gerezani kwa ajili ya fitina kadhawakadha zilizongia mji, pamoja na uuwaji.)

20 Pilato akinena na-o lwa-hiri kwa kumala kumuricha Jesu;

21 o makipiga k'ululu, makinena, Mwanganye, mwanganye!

22 Be akiambira lwa-hahu, Udzahenda ui wani be ye? sionere mwakwe ut'u uagirweo ni kufwa: nindamutubusha bai, kidza nimuriche.

23 O makim'kaziza na mimiro mibomu, makimumala kwamba akaanganywe muhi wa kukinganywa: mimiro yao ikidhima,

24 Pilato akialamula kwamba vikale here mamalazho,

25 akiarichira iye ariyetsufwa chumba-ni kwa ut'u wa fitini na kualaga at'u bule-bule, mariyemumala, akimwangiza ye Jesu mahendzo-ni mwao.

26 Hata manam'longoza hvivi, makim'gwira mut'u nganya Simon' Mukureni ala'ye minda--ni, makim'hika o muhi wa kukinganywa autsukule iye nyuma za Jesu.

27 Makim'tuwira enye-mudzi madzadzala tele, na ana-ache mam'pigirao malaga gao na kumuririra.

28 Jesu akiadengerekera, akiamba, Henwi ana a Jerusalem' ana-ache, musiniririre mimi: dziririreni enye na ana-enu.

29 Kwa kukala masiku ganadza hvivi mandihokudza manene, Baha ao! maro t'asa, na

20 Basi alisema nao tena yule Pilato, yuataka kumfungua Jesu.

21 Wao wakapiga ukelele tuu, wakisema, Msalibu ! msalibu !

22 Akawambia mara ya tatu, Kwani amefanya uovu gani huyu ? Sikuona kwakwe neno lipasalo mauti. T'amrudi basi, kisha t'amfungua.

23 Wakakaza sana kupaza sauti kumtaka kwamba asalibiwe, sauti zao zikashinda,

24 Pilato akaamua kwamba yawe kama watakayo.

25 Ikawa kumfungua yule aliyetupwa gerezani kwa sababu ya fitina na uuwaji, yule waliyemtaka kwakwe; akamtia Jesu t'ini ya kutaka kwao.

26 Nao walipokuwa wakimuondoa, walimshika mt'u mmoja atokea shamba jina lakwe akiitwa Simon Mkurenii, wakamtweka yeye msalaba, apate utukua kwenda nao nyuma yakwe Jesu.

27 Akaandamiwa ni wenyeji mk'utano mkuu, na wanawake nao wampigiao vifua na kuombolea kwakwe.

28 Akageuka Jesu akawalekeza, akasema, Enywi watoto wake wa Jerusalem, msinililie mimi : liliani nafusi zenu na wenenu.

29 Kwani, hizo ndizo, siku zaja watakapo-

mazhalo gasigozhala, na mahombo gasigoa-
mwisa.

30 Ndo mandihoambira virima, Hugwerereni!
na vitsulu, Hugunikeni!

31 Kwa kukala mahendago na muhi mwitsi
gakikala ni gaga, gandakala-dze na muhi
m'furufu?

32 Makilongozwa at'u airi kaheri ahendi-a-vii
hamwenga na-ye kwenda alagwa.

33 Hata manafikira hat'u haifwa. Ongo-ni,
makimwanganya kuko dzulu ya muhi, na o
ahendi-a-vii, mumwenga-we luhande lwa mu-
kono wa kurya, na mwandzi-we luhande lwa
mukono wa kumotso.

34 Ye Jesu akinena, Hewe Baba, arichire,
kwani k'amamanya mahendago. Hata mana-
henda mafungu mavwalo-ge, makitsuha mbu-
ruga.

35 O enye-mudzi makiima na kulola; maki-
kala kumutsea o vitswa zha at'u, mananena,
Were akiatizha angine, nadzitizhe mwenye,
akikala ndeye Masiha yuno, m'tsagulwi-we
Mwenye-Mulungu!

36 Makimutokoza na o asikari, makim'kwe-
ndera hehi na kum'songezeza siki;

37 kuno mananena, Kala u shaha ra Maya-
hudi uwe, dzitizhe mwenye!

38 Hakikala na maorero gadzaorerwa ho
dzulu-ye, ga miwano ya Kiyunani na Kiroma
na Kiebirani:

YUNO NDEYE SHAHA RA MAYAHUDI.

sema, Raha ndao! walio t'asa, wenyi matumbo yasiyozaa na matiti yasiyoamwisha.

30 Ndipo watakapoanza kuiambia milima, Tuangukieni juu yetu: na vilima, Tufinikeni.

31 Kwani wayatendayo katika mti mbiti yakiwa ni haya, na katika ule mkavu huwaje?

32 Wakaongozwa na wat'u wawili tena mahalifu, kwenda kuuwawa pamoja nae.

33 Hata walipofika pahali paitwapo Ubongoni, walimsalibu huko na mahalifu nao, mmoja mkono wa kuume, mmoja mkono wa kushoto.

34 Jesu akasema, Baba wasamehe, kwani hawajui wafanyayo. Wakagawa mavao yakwe, wakifanya kura.

35 Wakasimama wale wenyeji wakimtezama. Na vitwa vya wat'u nao walikuwa kumtolea ufyozi, wakisema, Aliokoa wengine, najiokoe mwenyewe, kwamba ndiye Masiha wa Mngu huyu, mteule wakwe!

36 Wakawa kumfanyizia dhihaka wale asikari nao, wakimsongezea siki,

37 huku wakisema, Kwamba u mfaume wa Mayahudi wewe jiokoe mwenyewe.

38 Basi hapo juu yakwe palikuwa na hati imeandikwa kwa harufu za Kiyunani na Kilatini na Kiibirani:

HUYU NDIYE MFAUME WA MAYAHUDI.

39 Na arya ahendi-a-vii madzioangama harya mumwenga-we wákala kum'hadza vii, yuna-mwamba, Uwe seye Masiha? Dzitizhe mwenye na siswi!

40 Akim'udzya yuya mwandzi-we akimuche-mera, akimwamba, K'um'ogoha hata Mwenye-Mulungu uwe, ukikala na-we u ts'i-ni ya ore uu?

41 Na-swi huna ujeri, kwani hunaudzizwa gago gaagirwego ni vihendo zhehu: ela yuno k'ahendere ut'u usiokala.

42 Akinena, Hewe Jesu, nikumbukira haho undihokudza kahi ya ushaha-o! Akimwamba,

43 Ni jeri nakwambira, hvivi rero undakala na-mi upeho-ni.

44 Na-o were here murongo wa handahu, kuchangira kiza ts'i-yosi muhaka murongo wa chenda,

45 kuno dzua rinahenda kiza: p'aziya ya ridziza ikitaruka kahi.

46 Hata Jesu unapiga lukululu na mumiro mubomu, akiamba, Baba roho rangu ninaika mwako mikono-ni. Kunena-kwe gaga wáo-mbola roho-re.

47 Na yuyat'u kitswa cha asikari gana, arihoona garigokala, wámulika Mwenye-Mu-lungu, akiamba, Ni mujeri mut'u yuyu, k'avina hae-hae!

48 Na mitunganano yosi mariotunganana hamwenga kwa kuulola ut'u uno, makiho-lola gadzigokala makiuya, kuno manadzipiga malaga.

39 Na wale mahalifu wale waliotungikwa, mmoja wakwe alikuwa kumtukana, akisema, Wewe hu Masiha? okoa nafusi yako na swiswi.

40 Akajibu yule mwenziwe, akamk'aripia, akamwambia, Wewe humchi Mngu nawe? kwa kuwa u katika hukumu ii-hii?

41 Naswi tuna haki, kwani hivi twarudishiwa mfano wa vitendo vyetu: lakini huyu hakutenda lisilokuwa lo lot'e.

42 Akasema, Ewe Jesu, nikumbuka utakapongia katika ufaume wako.

43 Akasema, Ni kweli nakwambia kwamba hivi leo utakuwa nami p'eponi.

44 Na wakati ule kama kungia saa sita, kulifunga kiza nt'i yot'e mpaka saa tisia,

45 huku jua likipungua nuru zakwe: pazia ya hekalu ikapasuka kati-kati.

46 Nae Jesu, alipokwisha toa ukelele ukuu, alisema, Ewe Baba, roho yangu naitia mikononi mwako. Kusema kwakwe haya alitokwa ni roho.

47 Basi yule kitwa cha asikari alipoona yaliyokuwa, alikuwa kumtukuza Mngu, akisema, Hapana shaka, mt'u huyu alikuwa mwenyi haki!

48 Nao wat'u wot'e waliok'utanikia pale palipoonekana mambo yale, walipoona yaliyotendeka walirudi, huku wajipiga vifua.

49 Na aryat'u amanywi-e maimire kwa kure, na arya ache madziomutuwiranya hangu ko Galili, kuno makilola maut'u gaga.

50 Na-ye po! mut'u uifwa Josefu, yu kahi ya m'oro wao, ni mut'u-mulume mumwenga mudzo na ujeri,

51 (akikala: k'adzadzangiza kahi ya chuwo chao na vihendo zhao,) ni mut'u wa Arimatea mudzi wa Mayahudi, mut'u ambaye wárindiza ushaha wa Mulungu:

52 wákwenda yuyu kwa Pilato, achenda mumala lufu lwa Jesu.

53 Hata yunalutsereza akilukundzira nguwo ya katani, akiluika kahi ya mbira ya kufuluka, yambayo k'adzangwe kuikwa mut'u.

54 Na-yo yere Siku ya Kuika-t'o kwao, usiku wa kulamukira siku ya Sabato.

55 Na arya ana-ache mambao madzire hamwenga na-ye kula' ko Galili makituwa nyuma, makiona yo mbira-ye, na lufu-lwe ludzaikwa-dze.

56 Hata makihouya, makihenda-t'o mihaso ya luwula na uvumba.

Be, makioya siku ya Sabato here malagizo.

49 Na wat'u wot'e waliojuana nae, na wana-
wake nao waliokuwa wakifuatana nae tokea
huko Galili, walikuwa wamesimama kwa
mbali, watezama mambo haya.

50 Nawe tezama, mt'u mmoja jina lakwe
akiitwa Josefu, nae ni katika majilisi yao, ni
mt'u mwema na kuongoka,

51 (wala hakuwamo katika mashauri na vi-
tendo vyao), nae ni mt'u wa Arimathea asili
yakwe, mji wa Mayahudi, tena ni mt'u aute-
zamiae ufaume wa Mngu:

52 alikwenda mt'u huyo kwa Pilato, akamta-
ka kiwili-wili chakwe Jesu.

53 Akakishusha kile kiwili-wili chakwe, aka-
kikunda katika nguo za katani; akamweka
katika kaburi lililotongwa jiweni, halijatiwa
maiti po pot'e.

54 Na siku ile ilikuwa ni Siku ya Kutengeza,
usiku wa kuamkia siku ya Sabato.

55 Basi na wanawake wale walioandama,
waliofuatana nae tangu kutoka Galili, wali-
liangalia lile kaburi, na kiwili-wili chakwe kili-
vyolazwa.

56 Wakarudi wakafanya tayari manuk'ato na
nyudi.

Nao wakasitarehe siku ya Sabato kama
maagizo.

UKOMO WA MAKUMI-MERI NA N'NE.

24. HATA siku ya kwandza ya jumwa machenda ko mbira-ni na madzacha maitsi, madzatsukula yo mihaso ya luwula madziyohenda--t'o, machenda na angine hamwenga na-o.

2 Hata manalola hvivi, ro iwe ridzapingiliswa kure na mbira-ye.

3 Machangira ndani matsaluona lufu-lwe Bwana Jesu.

4 Hata madzaangalaziwa hvivi ni ut'u uu, at'u airi po! madzaaimirira hehi madzavwala ga kumeta-meta.

5 Hata manahenda oga hvivi makidzizanya nyuso zao na-ts'i, ao makiamba, Hambe munamumala are m'oyo henye afu!

6 K'aho haha, udzauka. Kumbukirani bai arigomwambira haho arihokala yuchere ko Galili:

7 dza kwamba, Uagirwe mwana wa mudamu kuangizwa mikono-ni mwa at'u enye dambi na kuanganywa muhi wa kukinganywa, na kuuka kaheri siku ya hahu.

8 Na-o makikumbukira maneno-ge.

9 Hata manauya kula' ko mbira-ni makiamanyisa o at'u kumi na mumwenga na andzi--ao osini maut'u gago gosi.

10 Na-o mere Maria Mumagidali na Joan'na na Maria wa Jakobo na andzi-ao hamwenga na-o, ndo mambao máambiriza ahumwi maut'u gago.

11 Go maneno gao gakioneka kwao here ufuwi, makatsaakuluhira.

MLANGO WA ISHIRINI NA NNE.

24. Hata siku ya kwanza ya Ijumaa, mwanzo wa kupambauka, walikwenda pale kaburini, wameyatukua yale manuk'ato waliyoweka tayari:

2 Wakaliona jiwe limeondolewa kaburini, limebingirishwa k'ando.

3 Wakangia ndani, wasimuone yule maiti, yule Bwana Jesu.

4 Nao walipokuwa kusangaa kwa neno lile, hawa ndio, wat'u wawili wanawaume wamesimama k'ando yao, wamevaa nguo za kumeta--meta.

5 Nao walipongiwa ni hofu, wakiinamisha nyuso zao na nt'i, waliwambia, Penyi wafu hatafutwaje aliye hai?

6 Hapo hapa, amefufuka. Kumbukani aliyowambia, hapo alipokuwa akali Galili,

7 kana kwamba, Imempasa mwana wa mt'u kutiwa mikononi mwa wat'u wenyi dhambi, na kusalibiwa, na kufufuka siku ya tatu.

8 Wakayakumbuka maneno yakwe.

9 Wakaondoka pale kaburini, wakarudi; wakawaarifu wale wat'u kumi na mmoja katika mambo yale yot'e, na wenginewe nao pia ot'e.

10 Nao ni Maria Mmagidali, na Joanna, na Maria wa Jakobo, na wenginewe wenziwao, ndio waliowambia wale mitume mambo yale.

11 Wakayaona maneno yao kuwa ni upuzi utupu, wasiwasadiki.

S.   121

12 Ye Petero akiuka, akipiga malo achenda
hata mbira-ni, unahirika matso hvivi akiona
ro sanda ridzaikwa hake-ye; akiuka achenda,
kuno yunamaka m'oyo-ni mwakwe maut'u ga-
dzigoombola.

13 Hata kwa siku iyo yenye airi ao makikala
kuhamba kwenda kadzidzi kasiku karikokala
kure here mirongo miiri ya m'tsana kwa ala'ye
Jerusalem', na-ko dzina-re kaifwa M'mao.
14 Makikala kusumurira enye kwa enye
uworo wa maut'u gago gosi gadzigoombola.
15 Be manasumurira hvivi na kuuzanya
ut'u-we, na-ye mwenye Jesu akiasengerera
hehi akiatuwiranya ngira mwenga.
16 O makizuliwa matso gao matsamumanya.
17 Akiambira, Ni maneno gani gago muga-
luzanyago hvino, kuno munatuwa ngira? O
makiima kigondzi.
18 Yuya mumwenga-we akim'dzigidzya, dzi-
na-re uifwa Kileopa; akimwamba, Ukelesi hake-
-yo be' we ko Jerusalem' hata usiyemanya
maut'u gadzigoombola kuko kwa siku zizi?
19 Akiauza, Ni maut'u gani? Makimwa-
mba, Ni ga Jesu Munazari, ambaye were mu-
t'u-mulume mumwenga mwambirizi, mwenye
nguvu za kuhenda na kunena mbere za Mwe-
nye-Mulungu na enye-mudzi osi:
20 na kaheri hviryat'u madzizhomuricha
alombi-abomu ehu na vitswa zha at'u aka-
semwa kifwa-ni, makimwanganya muhi wa
kukinganywa.

G.

12 Yule Petero akaondoka, akenda mbio hata pale kaburini, akipeleka mato na kuinama hivi akaviona vile vitambaa vya katani vimewekwa, hivyo tuu: akaondoka akenda, huku yuata-ajabu moyoni mwakwe kwa yale yaliyokuwa.

13 Nawe tezama, siku ile-ile wat'u wawili wa myongoni mwao walikuwa wakenda kijiji kimoja kilichokuwa mbali na Jerusalem mwendo wa saa mbili.

14 Wakawa kusumlia wao kwa wao katika mambo yale yot'e yaliyotukia.

15 Basi wa katika kusumlia hivi na kujadiliana, nae mwenyewe Jesu alikurubia, akawa kuwaandama,

16 Yakazibwa mato yao wasimtambue.

17 Akawambia, Ni maneno gani hayo msemezanayo hivi? Wakasimama mato kupe-kupe.

18 Yule mmoja jina lakwe akiitwa Kileopa akamjibu akamwambia, Wewe wak'eti Jerusalem pekeyo hali ya ugeni hata usiyesikia yaliyotukia juzi na jana?

19 Akawambia, Ni kama yapi? Wakamwambia, Ni ya Jesu Mnazari, aliyekuwa mt'u mmoja nabii na uwezo wa kunena na kutenda mbele za Mngu na wenyeji wot'e:

20 tena ya walivyomtia katika hukumu ya mauti hao makuhani wakuu na vitwa vyetu, wakimsalibu.

S. 122

21 Na-swi fwere hukimwelelya kukala ndeye andiyekuakomboza Isiraili. Ela na gaga gosi, hangu kuhendeka gaga rero ni siku t'ahu.

22 Be ela ana-ache nganya asiku a myongo--ni mwehu madzafwangalaza, marokwenda ko mbira-ni na madzacha,

23 kidza marihokala k'amaluona lufu-lwe, makidza nena kwamba madzaona malaika ku-aombolera, mambao mananena kwamba ye mwenye yu m'oyo.

24 Makiuka at'u nganya a myongo-ni mwe-hu, machenda mbira-ni, makiona hvizho zhenye here marizhonena arya at'u-ache : ye mwenye matsam'ona.

25 Akiamba, Henwi apambavu, enye myoyo miziho ya kukuluhira gosi marigonena o ambirizi !

26 K'aagirwe ye Masiha ni kusirinywa hvizho zhenye, na kuangira kahi ya nguma-ye ?

27 Akiaha na Mose na ambirizi osi, akiang'a-ziza maut'u-ge mwenye kahi ya Maoro gosi.

28 Makifikira hehi karya kadzidzi mendako : ye mwenye akidzihendya here endaye mbere katite.

29 O makim'hendya nguvu, makimwamba, Kála hamwenga na-swi, kwa kukala hudza-fisha dzilo-ni, dzua rinatswa hvivi ! Achangira ndani kwa kukala na-o.

30 Be, zhákala arihokelesi na-o kwa kurya chakurya, iye kuugwira mukahe, akiuhadza--t'o, hata arihoumogola, akiap'a.

21 Nae mt'u huyo tulikuwa tukim*t*arajia kan*a* kwamba ndiye a*t*akaewakomboza Isiraili. Basi *t*ena, na haya yo*t'*e, tangu kutendeka mambo hayo leo ni t'atu :

22 isipokuwa ni wanawake kadhawakadha wat'u wa myongoni mwetu swiswi wametusangaza, waliokuwapo kaburini asubuhi na mapema,

23 wasikione kiwili-wili chakwe, wakija wakitwambia kwamba wameona na malaika kuwa*t*okea, waliowambia kwamba yu hai.

24 Wakenda na wengine katika wenzetu kuko kaburini wakaona vivyo hivyo, kama walivyosema wanawake ; mwenyewe wasimuone.

25 Akawambia, Enywi msio akili, wenyi myoyo mizito ya kuamini yo*t'*e yaliyosemwa ni manabii,

26 Ehe, haikumpasa basi Masiha kupa*t*ikana ni mambo haya, na kungia katika u*t*ukufu wakwe ?

27 Akaanza tangu kwa Mose na manabii wo*t'*e, akaweleza-eleza katika Maan*d*iko yo*t'*e kuliko mambo yapasayo nafusi yakwe.

28 Wakapata karibu ya kijiji kile wendacho : akajifanya kama endae mbele.

29 Wakamtenza nguvu wakimwambia, K'eti pamoja naswi, kwa kuwa kumekuwa karibu na ku*t*wa; na jua limekwisha punga *t*ena ! Akangia ndani illi kuk'e*t*i nao.

30 Nae alipokwisha k'e*t*i nao katika chakula, ilikuwa yeye alipotwaa mkate kuubarikia, kisha alipoumenya akawapa :

31 Makivugulwa matso, makimumanya : ye mwenye akiangamika matso-ni mwao.

32 Makiambirana, K'aifwakire myoyo yehu, hvizho adzizhohusumurira ho ngira-ni, aka-hugunulira Maoro ?

33 Makiuka haho henye, makiuya Jerusalem', makiaona arya at'u kumi na mumwenga na andzi-ao madzatunganana, mananena kwamba,

34 Bwana udzauka jeri; udzaoneka kwa Simon' !

35 Na-o makialazhizha uworo hat'u ha maut'u ga ngira-ni na hviryat'u adzizhomanyikana kwao kwa kuumogola-kwe mukahe.

36 Be makisumurira gaga, na-ye mwenye Jesu po ! wimire kahi yao, akiamba, Udheri ni ukale mwenu !

37 O manahondoka na kuhenda oga ma-kielelya madzaona roho.

38 Ye akiamba, Ni-ni kuangalala ? kaheri ni-ni kuhenda kugaluzanya-galuzanya myoyo-ni mwenu ?

39 Nilolani mikono yangu na magulu gangu, kukala ndimi mwenye. Nigut'ani-gut'ani munilole, kwa kukala roho k'arina mwiri na misoza hvivi munionazho mimi.

40 Arihonena gaga akiaonyesa mikono-ye na magulu-ge.

41 O k'amadzangwe kukuluhira kwa kuere-rwa, manamaka tu, ye akiauza, Muna cha-kurya haha ?

31 wakafumbuliwa mato yao wakamtambua, akatoka kati wasimuone.

32 Wakasemezana wao kwa wao: Hata myoyo yetu haikutuwaka ndani yetu, alivyokuwa akitusumulia ndiani, akitufunulia na Maandiko?

33 Wakaondoka saa ile-ile, wakarejea Jerusalem, wakawaona wale kumi na mmoja wamekusanyika pamoja na wenziwao, wasema:

34 Bwana ameondoka ufuni kweli-kweli, nae amemtokea Simon!

35 Nao wakawatolea habari za mambo ya ndiani, na jinsi alivyojulikana kwao kwa kuumenya kwakwe mkate.

36 Basi wa katika kusumulia maneno haya, mwenyewe akasimama kati-kati yao, akawambia, Amani na iwe kwenu!

37 Wakangiwa ni kituko, wakafanya oga, ikawa kuthani kwamba yule wamuonae ni roho.

38 Akawambia, N nini kufazaika, tena n nini kuhujiana myoyoni mwenu?

39 Niangaliani mikono yangu na maguu yangu, kwa kwamba ni mimi nafusi yangu. Nishikani-shikani mniangalie, kwani roho haina mwili na mifupa kama mnionavyo mimi.

40 Akisha sema haya akawaonyesha mikono yakwe na maguu yakwe.

41 Basi walipokuwa hawajasadiki kwa ile furaha waliyoona, wakali kusitaajabu, aliwambia, Mna chakula hapa kilicho chot'e?

42 Makim'lazhizha kihande cha kumba ra kukanja, na kisiku cha lala ra nyuchi.
43 Akivihala mbere zao akivirya.

44 Akiambira, Ndo maneno gangu nirigomwamba haho nirihokala nichere hamwenga na-nwi, dza kwamba maut'u gosi gadzigoorwꞵ kahi ya uagirwi wa Mose, na kahi ya Ambirizi na Zaburi, kwa ut'u wangu, gaagirwe ni kutimizwa.
45 Haho akiasundula myoyo, kwamba mapate kugamanya ut'u-we go maoro.
46 Akiambira kwamba, Ndo vidzizhoorwa, kwamba kuk'utywa Masiha here gago, na kuuka kahi ya afu kwa siku ya hahu,
47 na kuambirizwa at'u a kila lukolo losi kwa dzina-re uworo wa kukolwa na kurichirwa dambi, kuandika hangu Jerusalem'.
48 Be ndinwi zhodherwa-zhe maut'u gaga.
49 Na-cho, kicho ndocho, kilagane cha Baba ninam'rehera kim'tserere dzulu yenu! Be kelesini kahi ya mudzi wa Jerusalem' muhaka muvikwe wadimi ula'o dzulu.

50 Be achenda na-o cha-ndze akialongoza, makifikira k'anda ya Betania: hata unaanula mikono hvivi akiahadza-t'o.
51 Na-ye arihokala kuahadza-t'o, ikikala kutana na-o, achanuka achenda dzulu ya mulungu-ni.
52 Na-o makim'zamira, kidza makiuya ko Jerusalem', kuno makiererwa zhomu;

42 Wakampa kipande cha samaki wa kuoka, na katika kitata cha asali:
43 akavitwaa akala mbele zao.

44 Basi akawambia, Haya ndiyo maneno yangu niliyokuwa nikiwasumlia nilipokuwa nikali pamoja nanywi; ya kwamba imepasa kutimia mambo yot'e niliyoandikiwa mimi katika Torati ya Mose na Manabii na Zaburi.
45 Ndipo akawafungua nia, illi wapate elewa ni Maandiko.
46 Akawambia, Ndivyo ilivyoandikwa, kupatikana Masiha ni mambo haya, na kufufuka katika wafu kwa siku ya tatu;
47 na kuhubiriwa taifa zot'e ya kuzingatia na kusamehewa dhambi kwa jina lakwe, muanze huko Jerusalem.
48 Nanywi mu mashahidi yakwe mambo haya.
49 Nanywi, huo ndio, wahadi wakwe Babaangu, nautuma uje uwashukie juu yenu! Isipokuwa mukae mumu mji wa Jerusalem, mpaka muvikwe nguvu za juu.

50 Akawaongoza n'de akenda nao hata palipokabili Bethani, akainua mikono yakwe, akawabarikia.
51 Yu katika kuwabarikia vile akajitenga nao, akakwezwa akenda juu mbinguni.
52 Nao walipomuabudu walirejea Jerusalem na furaha k'uu,

53 makikala dii mo ridziza-ni, kuno mana-
mulika Mwenye-Mulungu na kum'hadza-t'o.

HHAMII.

53 wakawa ndani ya hekalu *d*aima, wamsifu-
-sifu Mngu na kumbarikia.

AMIN.